Dirk Lornsen

# ROKAL
## DER STEINZEITJÄGER

Mit Illustrationen von
Harm Paulsen

Thienemann

*Für Jutta, Eike und Finn*

Einbandgestaltung: Michael Kimmerle
unter Verwendung einer Illustration von Claus Fritzmann
Innenillustrationen: Harm Paulsen
Schrift: Sabon Roman
Satz: Steffen Hahn in Kornwestheim
Reproduktionen: Die Repro in Tamm
und Repro Brüllmann in Stuttgart
Druck und Bindung: Graphischer Großbetrieb Pößneck

ISBN 3 522 16954 9

Rokal wachte auf.

Er spürte die Stille.

Es war eine unheimliche, leblose Stille.

Rokal öffnete den Zelteingang, starrte in das Morgengrauen hinaus und horchte. Kein Laut erreichte sein Ohr. Der Frühnebel hängte seine feinen Wassertröpfchen in die Barthaare des jungen Mannes.

Kein Lufthauch wehte, und die Tiere ringsum schwiegen. Rokal zog seinen Kragen aus Eisfuchsfell dicht um den Hals, schloß ihn mit geschnitzten Geweihknebeln und fror trotzdem.

Aus den großen Fellzelten kamen Frauen und Männer, um trockenes Holz für die Feuer zu sammeln. Ihre Gesichter zeigten Furcht.

Die Jägersiedlung lag auf der Böschung des Flusses. Rokal ging dorthin und sah auf das neblige Wasser herab. Wie tote Fischleiber nach einer Überschwemmung lagen die kleinen Lederboote auf dem Sandufer.

Woher kommt die Gefahr? Von einem Berglöwen? fragte sich Rokal besorgt. Er wußte, daß die Berglöwen manchmal in der Morgendämmerung ihre Beute jagen.

Seine Speerschleuder in der Hand und die Axt aus grobem Flußgeröll im Gürtel gaben ihm das Gefühl von Sicherheit.

Alle Menschen in der Siedlung fanden sich beim großen Feuer in der Lagermitte zusammen, die kurzen Speere in den Händen. Nur Rokal prüfte den Schutzwall, der um die Siedlung oben am Flußufer gezogen war. Der Wall war aus Dornengesträuch und Erlenstäben gebaut. Diese Holzstäbe, an beiden Enden zugespitzt und im Feuer gehärtet, steckten zur Abwehr schräg nach außen gerichtet im Erdboden. Ein Schutz gegen Raubtiere und Feinde.

Der Schutzwall der Jägersiedlung lehnte sich als Halbrund an das steile Flußufer und ließ zwei Öffnungen zur Hochebene frei. Eine lag der Mittagssonne entgegen, die andere der Abendsonne.

Rokal fand beide fest verschlossen vor.

Aber die Gefahr war da, unsichtbar, und die Menschen in der Siedlung spürten sie.

Droht ein Überfall fremder Jäger? Oder was ist es sonst? überlegte Rokal. Er ahnte Unheil und rannte zur Flußböschung zurück.

Ein Zittern durchlief den Boden, und die Stille zerbrach: Schrill pfeifend kamen die Lemminge aus ihren Löchern. Rokal erschrak.

»Auch die Tiere haben Angst«, murmelte er. Und dann hoben sich Erde und Felsen. Rokal wurde von den Füßen gerissen, stürzte den Abhang zum Fluß hinab, schlug hart auf den Geröllstrand und blieb betäubt liegen.

Menschen und Tiere schrien. Risse und Spalten klafften auf, und Staubwolken verhüllten die Morgendämmerung.

Der Feuerberg brach aus. Sein Beben schüttelte das Land. Er spie Asche und Steine, erschlug Menschen und Tiere. Sein

*Lemminge fliehen*

Krater füllte sich mit glutflüssigem Gestein, und dann wälzten sich glühende Ströme die Berghänge hinab. Was *sie* nicht verbrannten, erstickte die ungeheure Hitze. An diesem Tag wurde es nicht hell. Zuletzt deckte der zornige Berg das Land mit einer Bimssteinschicht zu und begrub die Siedlung der Jäger.

Durch das Beben der Erde hatten herabstürzende Steinmassen das Flußbett eingeengt, das Wasser angestaut, und dann stürmte eine Flutwelle das Tal hinunter. Sie riß den betäubten Rokal mit sich.

Erst als er Wasser schluckte, kam er zu sich und ruderte verzweifelt mit Armen und Beinen. Seine Hände packten irgend etwas, er klammerte sich daran fest und wurde weiter talab geschwemmt. Die Flutwelle näherte sich einer Enge, an der die Felswände wie Schultern zusammenrückten. Dort hatte sich der Fluß einen schmalen Durchlaß genagt. Rokal wurde von dem tosenden Wasser gegen die Felsen geschleudert, und der scharfe Stein riß den linken Fuß auf. Vor Schmerz ließ er fast das Boot los, an das er sich klammerte.

Hinter der Enge breitete sich das Wasser in der weiten Talschüssel aus und verlor seine wilde Gewalt. Das rettete Rokals Leben.

Der Jäger hatte keine Kraft mehr. Seine Fell- und Lederkleidung war mit Wasser vollgesogen und wog schwer. Er versuchte mit der Strömung an das seichte Ufer zu kommen und spürte endlich Grund unter den Füßen. Ein Weidenbaum, den die Flut verschont hatte, ragte zur Hälfte aus dem Wasser. Mit der einen Hand griff Rokal in das Geäst, mit der anderen hielt er das Boot, das ihm das Leben gerettet hatte. Es sollte noch von Nutzen sein.

Er schleppte sich den Uferhang hinauf. Über dem Hochwassersaum, neben dem Boot, verließen ihn die Kräfte.

Blut sickerte aus seiner Fußwunde und lockte die Fliegen an. Er konnte sie nicht verscheuchen, merkte auch nicht, daß die Luft heißer und stickiger geworden war. Er schlief den Schlaf der Erschöpfung.

Noch jemand hatte überlebt. Ein junger, magerer Wolf, dessen Rudel umgekommen war. Er hatte in einer Höhle gelegen, als die Erde bebte und der Berg Feuer spie. Der Wolf floh, und die Hitze trieb ihn zum Fluß hinab. Ein brennender Ast versengte ihm das Rückenfell, und ein Stein streifte seinen rechten Hinterlauf. Hinkend lief er talab, immer am Wasser entlang. Gegen Mittag war er wenige Speerlängen von Rokal entfernt und witterte den Blutgeruch des Menschen.

Jetzt erwachte Rokal vom Schmerz. Kälteschauer ließen ihn zittern. Das Fieber begann. Mühsam kroch er ans Wasser, um zu trinken. Als er seinen Durst gelöscht hatte, säuberte er die Wunde. Mit einem scharfen Splitter aus Flußgeröll schnitt er seine Lederschürze in Streifen und machte sich einen Verband. Haare und Bart waren schlammverklebt. Die Augen leuchteten aus der Schlammkruste.

Der Wolf duckte sich. Er hatte gelernt, den Jägern aus dem Weg zu gehen, wenn er nicht im Wolfsrudel jagte. Aber dieser Mann roch nach Blut, und seine Hände waren leer. Im Magen des Wolfes wühlte der Hunger. Er schob sich zwischen den Steinen näher an den Verletzten heran.

Rokal hustete. Die Luft war stickig und voller Staub. Er starrte nach Süden. Eine riesige, schwarze Wolke breitete sich dort aus, wo er gelebt hatte. Kummla hat uns gewarnt, dachte er, aber wir haben über die kluge Frau gelacht. Kummla hatte gesagt: »Der Berg stößt von Zeit zu Zeit Rauch aus, als ob in ihm ein großes Feuer brennt. Das bedeutet nichts Gutes. Wir sollten aus seiner Nähe fortziehen!« Hätten wir nur auf sie gehört! dachte er und schüttelte die Fäuste zum Feuerberg hin. Ein Stöhnen kam aus seinem Mund, ein Laut, der Schmerz und Verzweiflung in sich trug.

Der Wolf lauerte. Noch nie war er einem Menschen so nahe. Er zögerte noch.

Kommt die Wolke näher? Nur weg aus ihrer Nähe, dachte Rokal, verlor keine Zeit, schob das Boot in den Fluß und ließ sich vom Wasser davontreiben. Fort von dem Unheil!

Der Wolf starrte ihm nach. Dann folgte er dem Jäger am Ufer des Flusses entlang, sein verletztes Bein zog er nach und konnte nicht so schnell laufen wie sonst. Außer einer mageren Wasserratte fing er keine Beute.

Halb wachend, halb vom Schmerz betäubt, glitt Rokal den Fluß hinunter. Seine Arme gebrauchte er nur, um sich abzustoßen, wenn das Boot auf eine flache Schotterinsel auflief.

Die Entfernung vom Feuerberg wurde größer und die Luft über dem Fluß frischer.

Aber auf seinem Weg vom Gebirge zum Meer hatte der Fluß gefährliche Hindernisse.

Ein dumpfes Brausen riß Rokal aus seinem Dämmern.

Die Stromschnellen! Erschrocken paddelte er mit den Armen, um an das östliche Flußufer zu kommen. Ein gutes Stück vor den schäumenden, weißen Strudeln stieß sein Boot in den Schilfgürtel. An den Schilfhalmen zog er sich näher an das Ufer heran und war in Sicherheit. Als er aussteigen wollte, verlor er sein Gleichgewicht, stürzte ins seichte Wasser und kroch mühsam am Ufer hinauf. Hunger und Schmerz hatten seine Kräfte aufgezehrt. Lang ausgestreckt blieb Rokal erschöpft liegen.

Ich brauche einen Speer, vielleicht gibt es hier Fische, war sein erster Gedanke, als er wieder zu sich kam.

Der Fellbeutel hing immer noch an seinem Gürtel. Die Flutwelle hatte ihm diesen wertvollen Besitz nicht genommen. Er enthielt eine Harpune und eine Speerspitze aus Geweihknochen, dazu ein glänzendes Kernstück aus schwarzem Feuerstein. Die Harpunenspitze war schmal, lang wie eine Kinderhand und einseitig mit Widerhaken versehen. Die Speerspitze dagegen war gewölbt im Querschnitt, glatt und scharf.

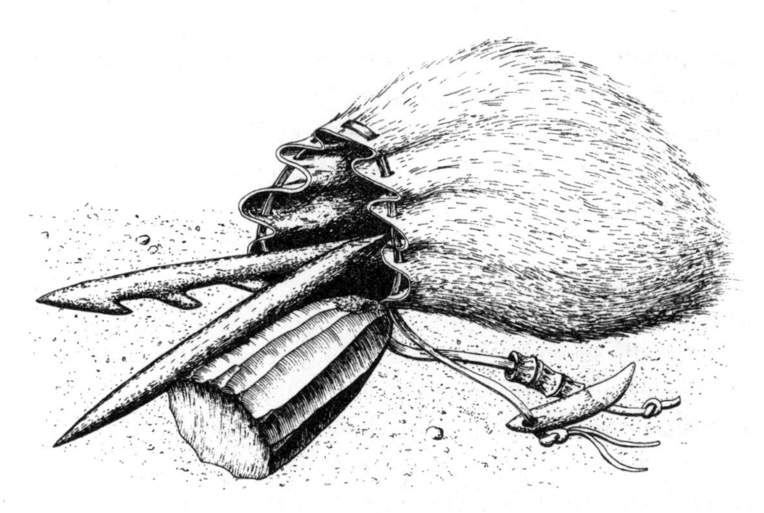

*Rokals Fellbeutel*

»Jetzt brauche ich einen Schaft«, murmelte Rokal und sah sich nach einem geeigneten Holz um. Er brauchte nicht lange zu suchen. Nahe am Fluß standen junge Erlenstämmchen, gerade gewachsen und von der richtigen Länge. Mühsam brach Rokal eine zweifingerdicke Erle ab. Das zähe, wasserhaltige Holz wehrte sich bis zuletzt. Jetzt fehlte ihm seine Axt aus hartem Geröllstein, sie hätte die Arbeit erleichtert. Mit Hilfe eines handflächengroßen, länglichen Flußkiesels schlug er eine Klinge von seinem Feuerstein ab. Mit einem hellen Klang fuhr sie in den Boden. Sie war ihm gut geraten, lang wie ein Zeigefinger und scharf. Damit schälte Rokal die Rinde vom Speerschaft, glättete die Unebenheiten und schrägte das schmalere Ende fingerlang an. Danach paßte er die Harpunenspitze auf die Schräge und schnürte sie mit gut gewässerten, dünnen Lederstreifen an das Holz. Rokal besah die fertige Arbeit. Er hatte schon bessere Jagdwaffen und Werkzeuge gemacht.

»Schaft und Bindung sind zu dick, aber für die Fischjagd wird er taugen«, sagte Rokal zu sich selbst.

In seiner Jugend hatte er oft ohne Bewegung am Flußufer gestanden, um Forellen zu speeren. Eine Übung, mit der alle Kinder in der Siedlung die leichte Jagd erlernten. Rokal humpelte zu den Felsen am Wasser hinüber. An der Flußbiegung hatte die Strömung sie unterhöhlt, und unter diesen Felsdächern standen Forellen und Barsche, die auf Beute lauerten. Die letzte Strecke bis zum Wasser kroch er auf Knien und Händen, denn er wußte, daß Fische die Erschütterungen seiner Schritte spüren würden.

Bevor das letzte Tageslicht wich, hatte er vier armlange Forellen gespeert. Jetzt wollte er ein Feuer machen, um die Fische zu garen. Am Flußhang suchte er abgestorbenes Holz und trockene Gräser, mit denen sich das Feuer besonders gut entfachen ließ. Rokal drehte einen Holzstab schnell zwischen den Handflächen in ein Stück trockenes Holz hinein, bis feiner Rauch aufstieg.

Jetzt reichte die Hitze in der Feuerbohrung aus, um die Glut anzublasen. Dann streute er die trockenen Gräser darüber, und eine zarte Flamme züngelte empor. Nun legte er Rindenstücke und trockene Hölzer nach und blies, bis das Feuer brannte. Als die Glut kräftig genug war, spießte Rokal die erste Forelle auf einen Stock und hielt sie über das Feuer.

Sie war noch halbroh, als er sie heißhungrig verschlang. Nachdem der erste Hunger gestillt war, nahm er sich für die Zubereitung des nächsten Fisches mehr Zeit, schob einen Stecken durch Kiemen und Bauch und legte ihn in zwei Astgabeln über die Glut.

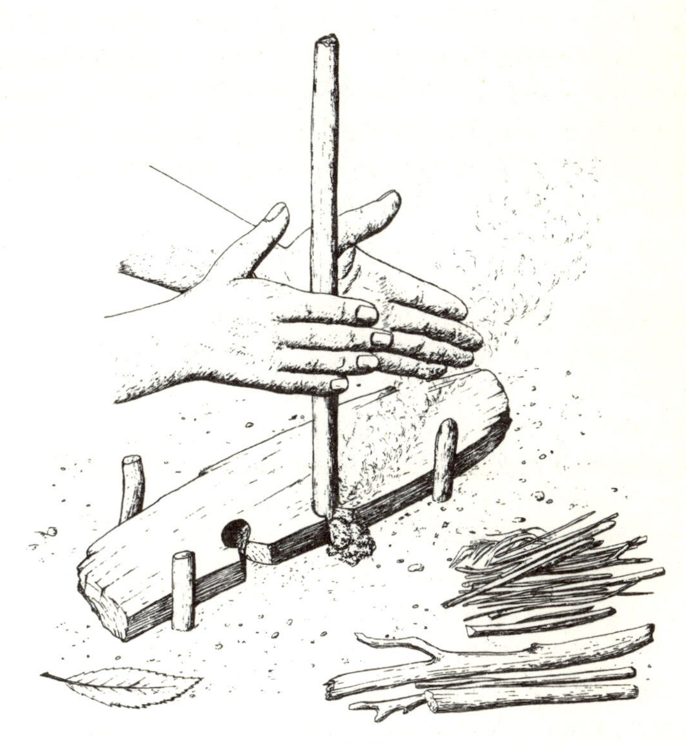

*Feuerbohren*

Der Wolf war dem Menschen gefolgt. Außer der Ratte war ihm keine Beute in die Fänge gekommen. Aber der Hunger trieb ihn voran, und bei jedem Sprung schmerzten seine Wunden. Am Westufer blieb er stehen, hob seinen Kopf und witterte den Rauch, den Fisch und den Menschen. Er schwamm durch den Fluß, schlich geräuschlos näher, nutzte den Sichtschutz der Büsche und Kiefern, bis er den Jäger und das Feuer sah. Der Mensch saß geduckt auf dem Boden vor der Glut. Der Wolf schob sich ganz nahe heran, sprang... und verbiß sich in den Harpunenschaft, den Rokal ihm im letzten Augenblick mit beiden Händen entgegenstreckte.

Die Wucht des Aufpralls warf den Jäger fast um. Dennoch stieß er dem Wolf das gesunde Bein mit aller Kraft in den Leib. Das Tier ließ das Holz los, fiel auf seinen verbrannten Rücken und blieb vom Schmerz betäubt liegen. Rokal warf sich über den Angreifer, drückte ihm den Harpunenschaft quer über die Kehle und nahm ihm den Atem. Und dann zielte er mit der Harpunenspitze auf das Tier. Doch er zögerte, schaute auf den mageren Wolfskörper und drehte ihn auf den Bauch.

Dieser Wolf ist wie ich, dachte Rokal, ein Einsamer, ohne Rudel, hungrig und verletzt. Er hat mein Blut gerochen und ist mir gefolgt.

Rokal schlug den Schaft kurz und hart auf den Wolfsnakken. Aber er tötete ihn nicht.

Er fesselte die Hinterbeine mit einem Lederstreifen und band den Wolf an einen Baum.

Dann kehrte er zum Feuer zurück und verzehrte den Fisch bedächtig in kleinen Stücken. Als er satt war, quälte ihn der Durst. Aus dem Rest seiner Schürze machte er sich ein

Traggefäß, um Wasser zu schöpfen. Mit der Steinklinge schnitt er ein viereckiges Lederstück ab, durchbohrte mit der Spitze alle Ecken und steckte zwei dünne Weidenstücke über Kreuz durch die Löcher. Damit hinkte er zum Ufer, trank sich satt, schöpfte einen Wasservorrat und legte den Tragbeutel in eine Erdmulde beim Feuer. Danach fiel er in einen unruhigen Schlaf.

Ein leises Knurren weckte Rokal, er fuhr auf und griff nach seiner Harpune. Aber der Wolf lag immer noch an der Fessel und sah den Menschen unverwandt an.

Er hat Hunger, dachte Rokal, warf ihm die beiden rohen Forellen zu und versetzte den Wasserbeutel so, daß sein Gefangener ihn eben erreichen konnte. Dann legte er sich wieder ans Feuer.

Kummla, die weise Frau unserer Siedlung, hatte in guten Tagen die Geschichte von einem Löwen und einem Jäger erzählt, die gemeinsam jagten und ihre Beute teilten, erinnerte sich Rokal. Ob auch ein Wolf der Gefährte eines Jägers werden kann? Er legte Holz nach und fiel wieder in den Fieberschlaf.

In der Nacht zerbiß der Wolf seine Fesseln. Lauernd sah er zu dem schlafenden Menschen hin. Einen Augenblick zögerte er noch, dann verschwand er lautlos in der Dunkelheit.

Die Rauchwolke des Feuerbergs hatte schwarze Ausläufer weit nach Norden geschickt.

Faskon, der riesige Jäger, verließ seine Siedlung im Morgengrauen, um nach den Fuchsfallen zu sehen.

Mura, die weise Frau der Siedlung auf dem Sporn über dem

Fluß, sah voller Unruhe auf den dunklen Südhimmel und dachte: Vor langer Zeit habe ich die Geschichte von der zornigen Erde gehört. Es gab furchtbare und unerklärliche Zeichen. Die Erde schüttelte sich, und die Vögel fielen vom Himmel. Die Jagdplätze der Menschen wurden verbrannt und verschüttet. Aber das ist eine sehr alte Geschichte. Die schwarzen Wolken am Himmel können auch Gewitter oder Sturm bedeuten. Mura kniff ihre Augen nachdenklich zusammen, und dann ließ sie den weidenblattförmigen Schwirrknochen an der armlangen Schnur um ihr Handgelenk kreisen. Hurruh... wurruh... surruh... tönte das wirbelnde Knochenstück an der Schnur. Eilig liefen die Menschen der Siedlung zusammen und bildeten einen großen Halbkreis um Mura. Nur Faskon hatte das Signal nicht mehr gehört. Er ging weiter seinen Weg am Fluß entlang zu den Fuchsfallen.

»Ihr alle seht die schwarzen Wolken«, sagte Mura, »einen Sturm können sie uns bringen. Beschwert die Felle der Zelte von innen mit Steinen!«

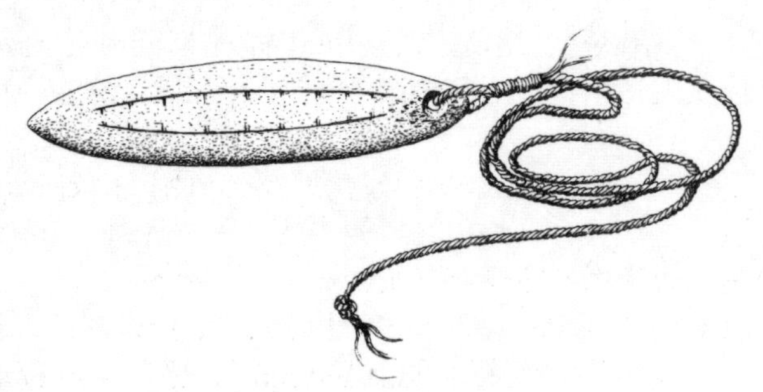

*Schwirrknochen*

Zu den jüngeren Jägern, Frauen und Kindern sagte sie: »Holt Holz für die Feuer und einen Wasservorrat von der Quelle.« Dann wandte sie sich an die drei Jäger: »Bringt die Jagdbeute in die Vorratszelte. Die Mütter mit den kleinsten Kindern sollen sorgfältig alle Verbindungen der Zelthäute schließen und die Feuer versorgen. Und eilt euch, der Sturm kann schneller hier sein, als wir glauben.«

Mura führte die Jägergruppe an. Ihre Anweisungen waren Gebot in Zeiten der Gefahr und wurden ohne Widerspruch befolgt. Solange man sich erinnern konnte, bestimmte eine kluge Frau die Geschicke der Siedlung. Und Mura war klug, daran zweifelte niemand. Ihre Anweisungen waren streng, aber sie wußte guten Rat bei Geburt, Krankheit und Streit. Manches, was sie sagte, verstanden die Menschen in der Siedlung nur schwer. Aber man brachte ihr große Achtung entgegen.

Nur Faskon wagte ihr manchmal zu widersprechen. Aber Mura dachte mit Freude an Faskon: er hatte die Größe eines Höhlenbären, und aus Bärenfell ist seine Kleidung gefertigt, die Jacke, der kurze Rock und die langen Beinkleider. Den weiten Umhang aus Rentierfell trägt er zusammengerollt über der Schulter... Mura lächelte. Dieser Mann ist stark wie ein Bison, flink wie ein Fuchs, aber er ist unbedacht wie ein junges Pferd.

Arik, die Frau mit dem dichten braunen Haar, trat neben die Alte.

»Was quält dich Mura?« fragte sie besorgt.

Muras Gedanken wandten sich von Faskon ab.

»Die schwarzen Wolken machen mir Sorgen. Von der Erde steigt Rauch auf. Es sieht aus, als ob dort die Bäume brennen.

Ich muß an die Geschichte der zornigen Erde denken. Kennst du sie, Arik?«

»Ich kenne die Geschichte«, antwortete Arik und zeigte auf den dunklen Himmel. »Ist es dort geschehen? Wird es zu uns kommen?«

»Das glaube ich nicht, und trotzdem müssen wir uns bereithalten«, sagte Mura, »die einzige Rettung vor der zornigen Erde ist die zeitige Flucht.« Sie legte beruhigend ihre Hand auf Ariks Schulter.

Arik war jung, behende und gut anzusehen. Mura hatte sie zu sich in ihr Zelt genommen, sie sollte ihr helfen und dabei lernen. Oft fühlte Mura sich müde und sehnte sich nach Ruhe.

In ihr Gesicht hatten Arbeit, Sonne und Kälte faltige Gräben gezogen. Ihr Haar war grau, nur im Nacken schimmerte es noch dunkel. Aber es gab niemanden, der sie ersetzen konnte.

Arik könnte meine Nachfolgerin werden, dachte Mura.

Die beiden Frauen sahen Faskon unten am Fluß zwischen den Erlen und Kiefern am Ufer verschwinden.

Arik nahm Speer und Tragriemen und folgte den anderen Frauen, um trockenes Holz zu sammeln. Muras Anweisungen wurden befolgt. Es war ein ständiges Kommen und Gehen. Oberhalb der Siedlung lag eine Quelle. Hier füllten die drei jungen Jäger ihre Wasserbeutel.

Mura setzte sich auf einen Schieferblock vor ihrem südlichen Zelteingang. Es ist keine gute Zeit für den Eisfuchs, dachte sie, er nimmt den Köder erst, wenn der Winterschnee die Beute knapp macht. Dann ist sein Fell auch dichter und brauchbarer. Aber, was die Jagd betrifft, wird Faskon auch von mir keinen Rat annehmen. Also muß er seine Erfahrungen selbst machen.

Unser Steinsalz geht zur Neige, überlegte sie weiter. Wir werden viel davon brauchen, wenn eine große Jagd gelingt.

Während ihr diese Gedanken durch den Kopf gingen, entrindete sie Speerschäfte. Dazu hatte Umin, der Steinschläger, eine Schieferplatte senkrecht in den Boden gegraben und in die obere Kante einen halbrunden Ausschnitt eingeschlagen. Mura zog die Speerschäfte durch diesen Ausschnitt und schälte die Rinde, indem sie das Handgelenk drehte. Von Zeit zu Zeit beobachtete sie den Himmel.

Umin, der Steinschläger, kam zu ihr, um die glatten Hölzer zu holen. Er war noch älter als Mura und ein Meister in der Herstellung von Werkzeugen und Waffen. Seine Hände bewegten sich geschickt, und seine Arbeit in der Siedlung war unentbehrlich. Er brauchte nicht mehr zur Jagd.

»Gestern morgen, als die Vögel erwachten, spürte ich, daß die Erde zitterte«, sagte Umin zu Mura.

»Das ist kein gutes Zeichen. Was meinst du?«

»Ich glaube, die zornige Erde droht uns nur aus der Ferne, sonst hätte uns das Unheil schon längst erreicht«, war Muras Antwort, »aber vielleicht bringen die dunklen Wolken einen Staubsturm.« Umin nickte und nahm die Schäfte mit, um die Speerspitzen anzubringen.

Die Wasserträger kehrten zurück und hängten die gefüllten Beutel innen an die kräftigen Erlenstangen der Zeltgerüste.

Faskon, der Riese, wanderte durch die Talniederung und sah nach den Fallen. Hier war der Boden nicht gefroren, so daß die Jäger Fallgruben angelegt hatten. Sie benutzten auch

Schlingen und Schlagfallen. Aber in keiner dieser Fallen fand Faskon Wild.

»Sonderbar«, murmelte er vor sich hin, »haben denn alle Tiere das Tal verlassen? Auf den Nadeln und Blättern der Bäume liegen Staub und Asche. Die Luft ist voller Brandgeruch. Sollten die Bäume an den Flußhängen brennen? Ich muß mich in acht nehmen und nahe am Uferrand bleiben.«

Jetzt kam er zu den Fuchsfallen. Es waren grausame Fallen. Die Jäger nahmen mannshohe Baumstümpfe, denen der Sturm die Krone abgebrochen hatte, und richteten mit den Geröllläxten eine Fangschere her. Auf die höhere Spitze spießten sie den Köder, eine Krähe oder ein Schneehuhn. Wenn die Füchse nach dem Köder sprangen, ihn nicht erreichten und herabrutschten, klemmten sie ihre Vorderpfoten in der Fangschere ein und konnten sich nicht mehr befreien. Dort wurden sie von den Jägern geholt oder, weil sie wehrlos waren, von anderen Raubtieren gefressen. Faskon verabscheute diese Fallen. Aber warme Eisfuchsfelle brauchten die Menschen besonders für den Winter. Auf den Schneefeldern war der scheue Fuchs sehr flink und bei offener Jagd mit der Speerschleuder schwer zu erlegen.

Kein guter Tag, dachte Faskon, die Fallen sind leer. Die Raubvögel haben sich über unsere Köder hergemacht! Ich finde keine Fuchsspuren und sehe keine Tiere, sonderbar.

Faskon konnte nicht wissen, daß die Tiere in weitem Umkreis aus dem Gebiet des Feuerberges geflohen waren, so schnell ihre Beine und Flügel sie trugen.

Vielleicht kann ich wenigstens ein paar Fische fangen, um nicht ganz ohne Beute zurückzukehren, überlegte er. Dann ging er zum Fluß hinunter und suchte einen Weg durch den kiesigen Uferstreifen. Südlich der Stromschnellen gab es einen guten Fangplatz. Dort lauerten unter den überhängenden Felsen die großen Raubforellen. Aber er war auf der falschen Seite und mußte hinter den Stromschnellen noch den Fluß überqueren. Er kannte sie und mißtraute der Strömung, die in den schmalen Rinnen zwischen den Felsen tief und reißend war. An den Stromschnellen dachte er: Ich wage viel, aber dieses wilde Wasser möchte ich nicht durchschwimmen.

Dann stand Faskon an der Furt und schaute auf die gegenüberliegende Flußseite. Und seine scharfen Jägeraugen sahen den Verletzten sofort. Er duckte sich zwischen das Schilf.

Am Flußhang liegt ein Mensch! Sein Feuer ist erloschen, und er rührt sich nicht, dachte Faskon, was ist mit ihm? Ist er tot? Da, er bewegt sich! Er lebt! Ist er allein? Ich sehe nur *eine* Harpune.

Bei der Jagd hatte Faskon erfahren, daß vieles gefährlich war, was reglos, scheinbar tot oder krank, am Boden lag.

Wenn der Mann am kalten Feuer nicht allein ist, können Speere aus dem Schilfdickicht fliegen und es gibt keine Deckung für mich, überlegte er.

Er wußte wohl von Jägergruppen, die sich befeindeten und sich die Jagdbeute streitig machten. Er wartete ab, aber kein anderer Mensch zeigte sich. Und dann sprang Faskon in großen Sätzen von Stein zu Stein über die Furt an das andere Ufer. Mit dem Speer in der Hand schlich er sich wachsam an den Fremden heran. Außer dem Rauschen des Wassers war kein anderer Laut zu hören.

»Die Erde bebt... Das Feuer kommt... Fort, fort...« sprach Rokal im Fieber und wälzte sich unruhig hin und her.

Faskon sah die Wunde am Fuß. Der Lederverband hatte sich gelöst.

Dieser Jäger ist wehrlos und krank, dachte er. Faskon griff an Rokals Schulter und schüttelte ihn: »Hörst du mich, Fremder? Wer bist du? Woher kommst du? Und was suchst du in unserem Jagdgebiet? Antworte mir!«

Rokal versuchte sich aufzurichten. »Rette dich..., das Feuer kommt...« stöhnte er. In seinem Fieberwahn sah er immer noch Feuer ringsum.

Halblaut sagte Faskon: »Dieser Jäger hat Schlimmes erlebt. Ich weiß nicht was – aber ich weiß, daß er Hilfe braucht.«

Er dachte an Muras Worte, daß einem kranken oder verletzten Menschen geholfen werden mußte. Dieser verletzte Mann war nicht gefährlich. Er war völlig erschöpft und mußte durchs Wasser geschwommen sein. Überall klebte Schlamm an ihm, selbst Haar und Gesicht waren schlammverkrustet.

Faskon handelte: Vorsichtig lud er sich den Verletzten auf die Schultern, überquerte den Fluß und ging den glatten, sandigen Uferpfad zurück zur Siedlung.

Auch Arik war nach Süden gegangen. Im lichten Kiefernwald gab es reichlich trockene Äste. Sie war mit ihrer Arbeit fertig und hatte ein großes Bündel zusammengeschnürt. Sie wollte es sich schon auf den Rücken laden, da fiel ihr ein, daß Faskon von den Fuchsfallen zurückkehren könnte.

Hoffentlich bringt er Füchse mit, dachte sie, Mura hat mir zwei Felle versprochen. Zwei weiche Eisfuchsfelle geben eine warme Winterkapuze für mich. Sie hatte kaum den Kiefernwald verlassen, da sah sie den riesigen Jäger am Ufer entlang herankommen. Aber er trug keine Füchse. Ein Mensch lag über seinen Schultern, leblos, wie tot. Arik lief ihm entgegen.

»Was ist geschehen, Faskon?« rief sie.

»Ein fremder Jäger ist verletzt! Er spricht von drohendem Feuer. Ich fand ihn am anderen Flußufer und will ihn zu Mura bringen«, antwortete Faskon, ohne seine Schritte zu verlangsamen.

Arik holte eilig ihr Holzbündel und lief hinter Faskon den Hang zur Siedlung hinauf.

Die Siedlung lag auf einem hohen Felssporn, den der Fluß stehengelassen hatte. Die Schmelzwässer der vergangenen Eiszeiten hatten ihn abgeflacht, aber nicht zermahlen. Der Fluß hatte sich seinen Lauf im Bogen um diesen Vorsprung herum durch das weichere Gestein gegraben. Es war ein guter Platz für eine Jägersiedlung. Von dieser sonnigen Höhe konnten die Menschen weit nach Süden in das Tal hinaussehen. Genügend frisches Wasser lieferte die Quelle oben am Abhang. Die steilen Hänge zum Flußufer hin waren ein natürlicher Schutz, und die schmale Stelle landeinwärts wurde von einem Dornenwall abgeriegelt. Hier war der einzige Durchlaß, der von Schirr, dem Wächter, beaufsichtigt wurde.

Die Menschen der Siedlung wohnten in runden Zelten mit kuppelförmigen Dächern. Ein Gerüst aus Erlenstangen war mit Pferdefellen bespannt und innen mit Lederriemem festgeknüpft. Die eingefettete Lederhaut zeigte nach innen, die haarige Fellseite nach außen. Die untersten Felle waren nach innen umgeschlagen und mit Steinen beschwert, damit Schnee und Regen gut ablaufen konnten. In der Mitte der Zelte lagen die Feuerstellen, deren Rauch durch ein Loch in der Mitte der Zeltkuppel abziehen konnte.

Im Winter, wenn Schneestürme die Jagd nicht erlaubten, saßen die Menschen in ihren Zelten und stellten Werkzeuge, Waffen und Kleidung her. Dabei erzählten sie sich Geschichten.

Muras und Umins Zelte lagen nahe am südlichen Ende des Sporns, sie waren beinahe doppelt so groß wie die Zelte der anderen.

Als Faskon mit seiner Last die Siedlung betrat, ging er wortlos an Schirr, dem Wächter, vorbei zu Mura.

»Was ist geschehen?« fragte Schirr neugierig.

»Ich weiß es noch nicht. Komm mit zu Mura, dort wirst du es erfahren«, antwortete Arik im Vorübergehen.

Mura saß vor ihrem Fellhaus und legte Holz auf ein Feuer, um Kochsteine zu erhitzen. Damit wurde Wasser zum Kochen gebracht, das man in Gruben gefüllt hatte, die mit Leder ausgekleidet waren.

Als sie aufblickte, stand Faskon mit seiner Last vor ihr. Mura fragte wie Arik und Schirr: »Was ist geschehen, Faskon?«

»Ich bringe einen verletzten Jäger«, antwortete Faskon bedächtig.

Frauen und Männer sammelten sich vor Muras Zelt, und Spannung lag in der Luft.

»Was bringt er?« fragte ein Jäger.

»Einen Toten!« flüsterte Linga, die Frau von Kerk.

»Nein, hört ihr nicht, der Mann spricht im Fieber«, raunte Schirr der Wächter.

Alle sprachen durcheinander.

Mura betrachtete den kraftlosen Körper, der immer noch auf Faskons Schultern lag. Sie sah den Schlamm an ihm. Hatte der Fluß ihn gebracht? – Sie sah auch die blutverkrustete Fußwunde. Kam dieser Mann aus der Gegend der dunklen Wolke?

Faskon, der Riese, legte seine Last behutsam vor seine Füße auf den Lehmboden zwischen Mura und sich.

Jetzt trat Kerk an den Verletzten heran. Geringschätzig sah er von dem Fremden auf Faskon und sagte scharf: »Ich sehe hier einen unnützen Esser. Wer soll ihn pflegen? Du, Faskon?« Dabei hob er langsam seinen Wurfspeer und zielte auf Rokal.

Blitzschnell riß Faskon ihm den Speer aus der Hand, knickte den Schaft wie einen Halm und warf die Stücke vor Kerks Füße.

»Du bedrohst einen, der sich nicht wehren kann?« sagte er. »Der fremde Jäger lebt, und er braucht Hilfe. Ihr alle kennt das Gebot der Jagdgemeinschaft. Oder gilt es nicht mehr? Dieser Mann hat Schweres erlebt. Er spricht von einem furchtbaren Feuer. Davon müssen wir hören. Im Fieber spricht man die Wahrheit!«

Mura stand auf, sah Kerk ruhig an und sagte: »Das Gebot der Jagdgemeinschaft verlangt von uns: Wer einen Hilflosen oder Verletzten findet, muß ihm helfen.« Sie wandte sich an alle: »Und dieser Jäger *ist* verletzt und *braucht* unsere Hilfe. Niemand darf einen Arm gegen ihn heben. Sobald er sprechen kann, hören wir, was er zu berichten hat.«

Mura sah auf den zerbrochenen Speer. Kerk tötet den Vogel im Flug, und seine Speere sehen das Herz der Pferde durch ihr Fell, dachte sie. Aber er ist jähzornig.

»Bringt den Fremden in mein Zelt«, entschied Mura.

Kerk ging mit finsterem Gesicht davon. Von diesem Tag an planten er und sein Freund Lagun Böses gegen Faskon und den Fremden. Lagun war die Stimme und Kerk sein bereitwilliges Ohr. Und Linga, die mit Kerk in einem Zelt lebte, hetzte die beiden auf und drängte sie zur Tat.

In dieser Nacht verstärkte sich der Wind aus Süd und trieb die Staubwolken zur Siedlung am Fluß hin. Noch einmal hatte der Feuerberg Asche, Rauch und Glut bis in die Wolken geschleudert.

»Seht«, rief Linga am Morgen durch den Staub, »da ist schon ein böses Zeichen, weil wir den kranken Fremden aufgenommen haben.«

»Schweig«, gebot ihr Mura, aber Linga begehrte auf: »Du willst die Wahrheit nicht hören, Mura!«

»Deine Worte sind ein böses Zeichen, Linga, hüte deine Zunge«, war Muras Antwort. Linga drehte sich um und ging in Kerks Zelt.

Stunde um Stunde beobachtete Mura den drohenden Himmel. Vor ihr auf einer glatten Schieferplatte lagen eine polierte Holzkugel und die Daunenfeder eines Schneehuhns. Sie sollten Mura das Zittern der Erde erkennen lassen. Aber die Kugel und die Feder bewegten sich nicht. Die Kräfte der Erde hatten sich beim zweiten Ausbruch des Feuerbergs erschöpft.

Niemand kann sich retten, wenn die Erde sich schüttelt

und Feuer spuckt, dachte Mura, wir sind hilflos wie Fliegen.

Der Wind drehte am Abend von Süd auf Nordwest und trieb Staub und Asche zurück. Der Staub sank zu Boden, die Luft wurde klar, und die Menschen atmeten auf.

Am Tag darauf ging eine Jagdgruppe auf die Hochebene, denn ein Späher hatte eine Pferdeherde gemeldet. Mit dem Ohr am glatten Stamm eines Baumes hörte er die trommelnden Hufe der Pferde, die näherkamen. Diese Nachricht war sehr willkommen, denn man brauchte einige neue Zelthäute und Frischfleisch.

Faskon, der sonst keine Pferdejagd versäumte, blieb bei dem kranken Rokal. Er war begierig, die ersten klaren Worte zu hören, die der Fremde sprechen würde. Mura ließ Faskon gewähren, und Arik, die Rokal pflegte, mußte sich mit seiner Gegenwart abfinden.

»Steh mir nicht im Weg, Faskon, oder mißtraust du meiner Sorgsamkeit?« sagte Arik ungeduldig, »mach dich lieber nützlich! Hole frisches Wasser von der Quelle!«

»Ohne meine Hilfe lebte dieser Mann nicht mehr. Daran solltest du denken«, antwortete Faskon und nahm zwei Wasserbeutel vom Zeltgerüst.

Als er von der Quelle zurückkam, war Arik freundlicher zu ihm. Sie bat ihn, die Kochgrube zu füllen, um eine Fleischbrühe zu kochen, damit der Kranke wieder Kräfte sammeln konnte.

Faskon legte Kochsteine in die Feuerglut. Als sie heiß waren, holte er sie mit einer Astzange heraus und senkte sie in das Wasser der Kochgrube. Hatten sie ihre Hitze abgegeben, tauschte er sie gegen heiße Steine aus. Durch diesen fortwäh-

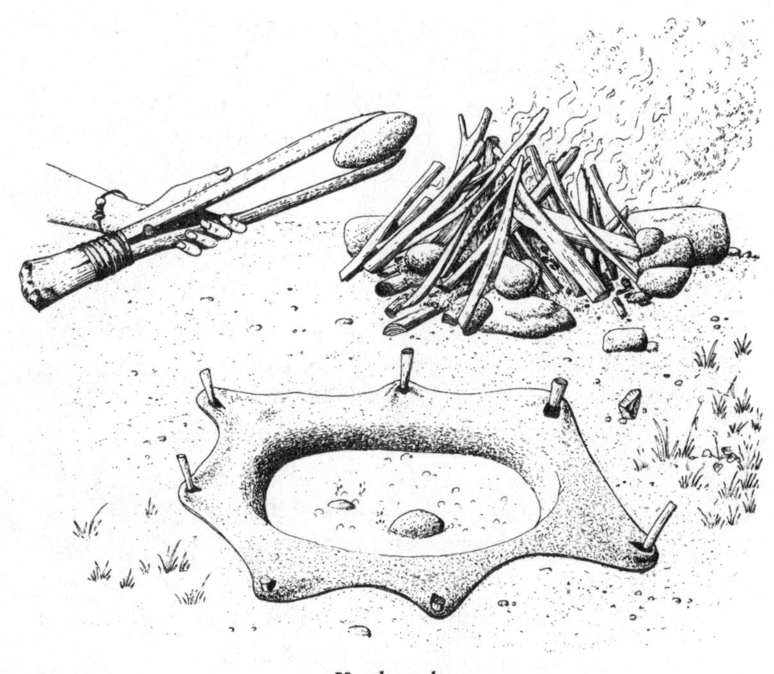

*Kochgrube*

renden Wechsel wurde das Wasser schließlich so heiß, daß Fleisch in ihm gegart werden konnte. Manchmal zerplatzte ein Kochstein in kleine Stücke, aber Steine gab es genug.

Arik und Faskon teilten sich die Arbeit.

Noch nie hatte man in der Siedlung einen Fremden gepflegt. Aber es kam vor, daß Jäger verletzt zurückkehrten. Kehrte einer nicht zurück, sprachen sie an den Feuern von ihm und lobten seine guten Jagden.

»Wir wollen den Fremden waschen«, sagte Arik, »das wird ihm guttun. Der Schlamm sitzt noch als feste Kruste an seinem Körper. Aber wir dürfen ihn nicht zu sehr bewegen.«

»Dann schneiden wir ihn aus seiner Kleidung heraus«, schlug Faskon vor und nahm aus seinem Werkzeugbeutel scharfe Steinabschläge.

»Das ist ein guter Vorschlag«, sagte Arik anerkennend. Faskon trennte Rokals Jagdkleidung auf. Arik achtete darauf, daß er vorsichtig zu Werke ging. Dann wusch sie den Kranken sanft mit Wasser und Fellappen.

»Dieser Fremde hat einen zierlichen Körper, aber seine Muskeln sind kräftig«, sagte Faskon, »ich glaube, er wird bald gesund.«

Auch Arik betrachtete den Kranken mit Wohlgefallen. Sie strich ihm das Haar aus dem Gesicht und säuberte dann behutsam die Ränder der Fußwunde. Sie durfte nicht mit Wasser in Berührung kommen. Mit einer Vogelfeder wischte Arik Schmutzteile und Sand aus der Wunde.

Über Rokals Körper zogen Fieberschauer.

»Was ist mit ihm?« fragte Faskon.

In diesem Augenblick kam Mura in das Zelt.

»Tragt ihn nach draußen«, sagte sie, »und legt ihn auf ein sauberes Fell. Deckt auch eins über ihn, aber laßt den kranken Fuß frei. Die frische Luft wird ihm helfen.«

Mura setzte sich neben den Kranken und betrachtete lange die Wunde. Sie zeigte auf eine eitrige Stelle und sagte: »Sieh, Arik, die Wunde allein wird den Jäger nicht töten. Aber hier brennt ein Feuer, das ihn vergiftet.«

»Was können wir dabei tun?« fragte Arik.

Mura beugte sich herunter. »Die Wunde riecht nicht, und

der Fuß ist nur leicht geschwollen. Noch ist es nicht zu spät. Wir werden die Stelle mit Glut ausbrennen, jetzt gleich.«

Arik hielt Rokals Kopf fest. Faskon drückte ihn mit festem Griff auf den Boden. Mura schob mit einer Astzange ein glühendes Stück Holzkohle in einen Röhrenknochen und drückte es schnell und fest auf die entzündete Stelle. Rokal schrie, aber Faskon lockerte seine Hände nicht. Dann war es vorbei.

»Arik, du bleibst bei dem Kranken und wehrst die Fliegen ab. Die Wunde muß offen bleiben«, sagte Mura.

Am nächsten Tag schnitt Arik saubere Lederstücke zurecht. Mura strich mit einer großen Feder eine dicke Honigschicht auf Rokals Wunde, deckte ein Fellstück darauf und band es unter dem Fuß zusammen. Sie wußte, daß der Honig Schmutz und Eiter aus der Wunde ziehen würde und heilende Wirkung hatte.

Schon am nächsten Tag ging es Rokal besser. Sein Gesicht war entspannt, sein Atem gleichmäßig, und kein Schweiß stand mehr auf seiner Stirn. Am dritten Tag bildete sich eine dünne, schützende Haut auf der Wunde.

»Er wird nicht sterben«, sagte Arik leise.

Jeden Tag legten sie Rokal vor das Zelt. Arik und Faskon saßen abwechselnd neben ihm und verscheuchten immer noch jede Fliege, die sich setzen wollte. Sie kühlten ihm die Stirn, gaben ihm zu essen und zu trinken. Und dann wurden seine Augen klar. Er sah Ariks schönes Haar, als sie die Wundauflage wechselte.

Rokal hob den Kopf und sagte deutlich: »Wo bin ich?«

»In Muras Siedlung am Fluß«, antwortete Arik.

Einmal wurde der Mond rund und wieder hohl. In dieser Zeit gesundete Rokal. Nur das Laufen machte ihm noch Beschwerden. Er schonte den Fuß, wenn er in der Siedlung herumging, sich umschaute und mit den Menschen sprach. Was er sah, gefiel ihm. Die Siedlung am Sporn über dem Fluß hatte viele Vorteile. Man sah weit in das Tal hinaus, und sie war leichter zu schützen als sein Wohnplatz am Feuerberg. Alle Menschen waren freundlich zu ihm, nur Kerk und Lagun mieden seine Nähe, und Linga sah ihm arglistig nach.

Sie nannten ihn Rokal, den Fremden.

In dieser Zeit sprach er lange mit Mura. Und Mura hatte viele Fragen an Rokal. Sie hörte von ihm, wie der Feuerberg seine Siedlung vernichtet hatte.

»Ich verdanke mein Leben dem Zufall«, erzählte er Mura, »ich stand am hohen Ufer und wurde zum Fluß hinabgeschleudert. Eine Welle aus Wasser und Schlamm riß mich mit. Sie trug mich weit von der Stelle fort, wo der Feuerberg wütete. Alles andere weißt du.«

Nun war Mura sicher, daß die Wolken im Süden von einem Feuerberg gekommen waren und Verderben bedeuteten. In Zukunft wollte sie den südlichen Himmel aufmerksam beobachten. »Du kannst bei uns bleiben, wenn du dich nützlich machst«, sagte sie.

An einem sonnigen Tag sammelten Mura und Arik Kräuter und Wurzeln in den Flußwiesen.

»Rokal ist klug und weiß viel über den Werkzeugstein. Er ist kein unnützer Esser. Aber ich werde ihn prüfen«, sagte Mura bei der Arbeit.

Arik freute sich über Muras Worte, denn sie hatte Zuneigung zu Rokal gefaßt, als sie ihn lange Tage und Nächte pflegte.

»Wird er seinen Fuß wieder richtig gebrauchen können?« fragte sie.

Mura antwortete: »Ich hoffe es, aber einen Jäger mißt man nicht an der Schnelligkeit seiner Füße. Denke an Umin und seine Steinschlagkunst. Er ist einer der besten Jäger, auch wenn er nicht mehr auf die Hochebene geht.«

Zwei Tage lang lagen die Wolken tief und schwer über dem Flußtal, und der Regen prasselte auf die Zelthäute. Der Rauch zog nur widerwillig aus den Öffnungen der Zeltdächer ab. Die Nässe tropfte durch schadhafte Stellen, und es war feucht und ungemütlich im Inneren. Die Menschen freuten sich, als sich am dritten Tag die Wolken hoben, die Sonne herauskam und das Land trocknete.

»Wir wollen zum Fischen gehen, es ist ein guter Tag dafür«, sagte Faskon.

Rokal nickte. »Es wird langsam Zeit, daß ich meine Füße wieder bewege.« Bisher hatte er die Siedlung noch nicht verlassen.

Jeder von ihnen nahm eine leichte und eine schwere Harpune mit. Bei der leichten waren Schaft und Spitze fest miteinander verbunden. Die schwere hatte einen dickeren Schaft und eine längere Spitze, die beidseitig mit Widerhaken gezähnt war. Sie steckte, nur mit Harz eingeklebt, im verdickten Holzende. Schaft und Spitze waren mit einer längeren, festen Lederschnur verbunden. Traf die Harpune, dann löste

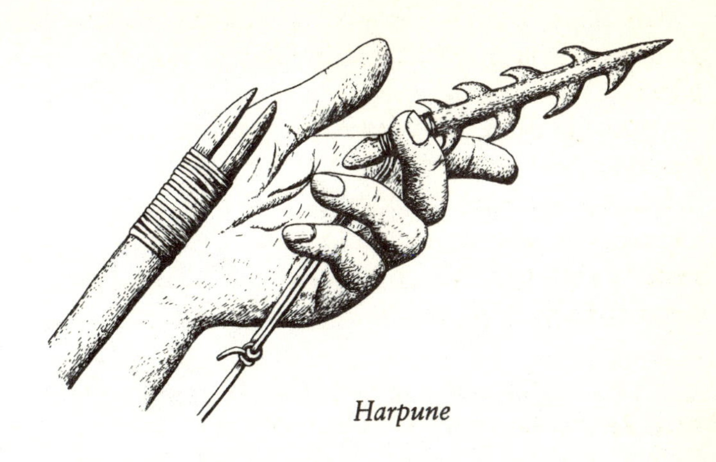

*Harpune*

sich die Spitze aus dem Harz und blieb stecken. Die Beute hing an der Fangleine.

»Faskon«, sagte Rokal auf dem Weg zum Fluß, »ich habe eine Frage, die mich schon länger drückt: Alle sind freundlich zu mir, nur Kerk und Lagun drehen mir den Rücken zu. Und Linga belauert mich. Warum?«

»Ich kenne den Grund«, antwortete Faskon. »Als du hilflos vor Mura auf dem Boden lagst, richtete Kerk seinen Speer auf dich. Er wollte einen kranken Fremden nicht in unserer Jagdgemeinschaft dulden. Aber ich riß ihm den Speer aus der Hand, zerbrach ihn und warf ihm die Stücke vor die Füße. – Außerdem hetzt Lagun ihn auf, und Linga hat eine böse Zunge.«

»Das wußte ich nicht. – Du hast seinen Speer zerbrochen und alle haben es gesehen ...« Rokal wurde sehr nachdenklich. »Das ist der größte Schimpf, den man einem Jäger antun kann. Kerk wird ihn nicht vergessen, Faskon, du mußt dich in acht nehmen.«

Faskon lachte unbekümmert.

»Sieh mich an! Bin ich jemand, der sich in acht nehmen muß?«

»Ich weiß, man nennt dich Faskon, den Riesen«, antwortete Rokal, »aber ein Speer kann auch den Rücken treffen. Du hast es um meinetwillen getan, ich danke dir!«

Eine Zeitlang schwiegen sie, dann sagte Rokal: »Sie sagen, du bist ein sehr guter Jäger, Faskon. Auch ich bin kein schlechter Jäger. Aber noch besser kann ich mit dem Stein umgehen. Meine Werkzeuge und Jagdwaffen wurden immer sehr gelobt.«

»Umin ist unser Meister des Steins. Oft brachte ich ihm Geröllstein vom Fluß. Du solltest es dir einmal ansehen: Seine Schläge treffen genau. Umin kennt den Stein so gut, daß er die Form fühlt und weiß, wie er springen wird. Du wirst es nicht leicht haben, seiner Handfertigkeit gleichzukommen.«

»Das weiß ich, Faskon, ich habe Umin arbeiten sehen. Kennt ihr den schwarzen Werkstein, den ich bei mir habe? Er springt besser als eure Geröllsteine vom Fluß.«

»Deinen schwarzen Stein haben wir gesehen. Doch wir fanden ihn bisher nie. – Aber meine Jagd gilt Pferd, Rentier, Fuchs und Mammut!« sagte Faskon.

»Ohne Stein keine guten Jagdwaffen und kein Zerteilen der Beute. Nicht einmal du kannst ein ganzes Mammut auf den Schultern davontragen«, war Rokals schnelle Antwort.

Inzwischen waren sie am Fluß angekommen. An dieser Stelle trennte eine lange, schmale Insel einen Nebenarm vom Hauptlauf ab. Das Ufer war mit Erlen und Schilf bewachsen. Verschieden große Wasserlöcher, die durch schmale Rinnen miteinander verbunden waren, reihten sich aneinander. Hier floß das Wasser nur träge. Zur Insel hin wurde der Grund felsig, und gerundete Steinhöcker ragten aus dem flachen Wasser.

»Siehst du die Löcher, Rokal? Aus ihnen habe ich schon manchen guten Fisch herausgeholt. Von hier aus suchen wir Loch für Loch ab.«

Gleich im ersten hatten sie Glück. Jeder traf einen fetten Barsch. So speerten sie nach und nach acht Fische. Dann kam ein Wasserloch, brusttief und größer als alle anderen. Rokal entdeckte den riesigen, blauschwarzen Rücken zuerst. Er hob die Hand. Faskon blieb stehen.

Rokal zeigte ins Wasser und flüsterte: »Da liegt ein Wels! Ein Riese!«

Faskons Augen funkelten. »Der darf uns nicht entwischen!«

Wortlos nahmen beide ihre schwere Harpune in die Wurfhand. Die Zeit schien stillzustehen. Ihre Bewegungen waren ganz langsam. Geräuschlos setzten sie Fuß vor Fuß.

»Wirf!« zischte Faskon, und im selben Augenblick fuhr Rokals Harpune dem Fisch in die Seite. Der Wels schnellte an die Oberfläche, peitschte das Wasser... Und dann traf Faskons Harpune ihn dicht hinter dem Kopf.

»Er hat noch zuviel Kraft! Ich kann kaum die Leine halten!«, schrie Rokal und wickelte die Schnur um einen Erlenstumpf herum. Blitzschnell hob Faskon die leichte

Harpune vom Boden auf und schleuderte sie mit aller Kraft in den Fischleib. Erst als auch Rokal seine leichte Harpune warf, war der Kampf gewonnen.

Jetzt sprang Faskon ins Wasser und wälzte den Fisch die Uferkante hinauf. Staunend standen die beiden Jäger davor.

»Dieser Uralte aus dem Fluß ist schwerer als du«, sagte Faskon fröhlich, »wie hast du ihn gesehen? Seine Haut ist dunkel wie der Flußgrund!«

»Er bewegte die Schwanzflosse, als er seinen Körper im Schlamm rührte«, antwortete Rokal.

»Du bringst uns Glück. Mura wird staunen. Und nicht nur sie. Noch niemals haben wir einen Wels gefangen, der so lang ist wie ich«, sagte Faskon und zog die leichte Harpune aus dem Fischleib.

Rokal nahm seine Steinklinge und schnitt die Schnüre von den Spitzen der schweren Harpunen ab. »Aber wie schaffen wir ihn den Hang hinauf?« fragte er.

»Das sollst du jetzt sehen«, antwortete Faskon, kniete sich hin, schob seine Arme unter den Fisch und stand mit seiner Last auf. Rokal schulterte den Erlenstab, auf den sie die kleinen Fische zum Tragen aufgereiht hatten, nahm die Jagdwaffen hoch und folgte dem Freund.

Auf dem Grashang vor dem Schutzwall der Siedlung spielten Kinder.

»Da kommt Faskon, der Riese«, rief ein Mädchen, »Rokal ist auch dabei!«

»Was trägt er da?«

»Einen Riesenfisch, einen Riesenfisch!« schrien alle durcheinander, liefen den beiden entgegen und tanzten um sie herum.

»Macht Platz!« rief Faskon. »Sonst frißt er euch!«

Rokal legte Fische und Harpune ab und sperrte mit beiden Händen das gewaltige Fischmaul auf. Die Kinder sahen staunend in den riesigen Schlund und stoben mit den guten Nachrichten davon.

Und dann kam ihnen Linga entgegen.

»Ich habe einen Auftrag von Mura für euch«, sagte sie ohne Gruß, »ihr müßt euch auf den Weg machen und Salzsteine herbeischaffen. Noch heute! Geht zu Mura.«

»Und diesen Fisch, der euch alle satt macht, siehst du wohl gar nicht?« sagte Faskon ärgerlich.

»Fisch! Wenn es ein Mammut gewesen wäre«, war Lingas verächtliche Antwort.

Faskon warf ihr den Wels vor die Füße.

»Dann sorge *du* dafür, daß er ins Lager kommt. Ich habe ihn weit genug getragen. Komm, Rokal, wir gehen zu Mura.«

Obwohl Rokal nichts sagte, hatte er den Wortwechsel aufmerksam verfolgt.

Mura stand vor ihrem Zelt und wartete, bis die beiden Jäger herankamen. Faskon zeigte auf die Fische, die Rokal über der Schulter trug.

»Das ist nur der kleinste Teil unserer Beute. Wir haben einen Wels gefangen, wie wir noch keinen erbeutet haben. Linga läßt ihn herschaffen. Du wirst mit uns zufrieden sein.«

»Leider kann ich euch noch keine Ruhe gönnen«, sagte Mura, »wir brauchen Salz! So nötig, daß ihr noch heute gehen müßt.« Sie sah Rokal prüfend an. »Wirst du den schweren Weg schaffen mit deinem Fuß? Sonst kannst du hierbleiben.«

»Ich gehe mit Faskon!« erwiderte Rokal.

»Und wer geht noch mit? Wir sind doch sonst sechs, wenn wir Salz holen,« fragte Faskon.

»Alle Jäger sind unterwegs. Aber Kerk und Lagun müssen bald zurückkommen. Wenn ihr auf sie wartet, seid ihr vier«, antwortete Mura.

»Es ist besser, wir gehen allein.« Rokal blickte Mura gerade in die Augen. »Komm, Faskon, wir machen uns auf den Weg.«

Nachdenklich sah Mura den beiden ungleichen Männern nach.

»Rokal, der Fremde, weiß was er tut«, sagte sie leise vor sich hin, »er handelt vorsichtig und bedacht.«

Die Jäger füllten in ihrem Zelt noch die Fellbeutel mit den notwendigen Dingen: zwei scharfe Klingen, einen Stichel, einen Bohrer, einen Pfriem, eine Knochennadel und Waffenspitzen. Faskon trug den zweiten Beutel mit einem Docht aus Pflanzenfasern und einem großen Talgklumpen darin. Sie nahmen ihre Fische mit und gingen am Fluß entlang nach Norden. Faskon bemühte sich, kurze Schritte zu machen, damit der Freund besser folgen konnte. Die Mittagssonne stand in ihrem Rücken. Das sandige Ufer ließ sie gut vorankommen. Ohne Windungen und Schleifen nahm der Fluß hier seinen Weg. Unterwegs fragte Rokal: »Wo ist der Salzstein zu finden?«

»Bis Sonnenuntergang erreichen wir den Platz nicht mehr. Wir schaffen es bis zu der Stelle, wo der kleine Fluß und der große Fluß sich treffen. Dort wird unser Nachtlager sein. Und morgen beim ersten Licht folgen wir dem Lauf des kleinen Flusses. Lange, bevor die Sonne ihren höchsten Stand erreicht hat, kommen wir an eine Stelle, wo der Fluß die große

Krümmung macht und eine Felswand steil emporsteigt. An ihrem Fuß liegt der Eingang zur Salzhöhle.«

Faskon schwieg eine Weile und fuhr dann besorgt fort: »Aber du wirst keine schwere Salzlast tragen können, Rokal. Es wäre doch besser gewesen, wir hätten auf Kerk und Lagun gewartet. Vier Männer könnten mehr Salz zurückbringen.«

»Du weißt, ich traue den beiden so wenig, daß ich sie lieber nicht dabei habe. Sie wollen uns Übles, und ich glaube, daß sie nur auf eine Gelegenheit warten«, sagte Rokal. »Mach dir um die Last keine Sorgen. Ich kenne etwas, das uns das Tragen erleichtert. Wir können vielleicht so viel Salz zurückbringen, wie sonst sechs Männer.«

»Wie soll das gehen?« fragte Faskon ungläubig.

»Ich muß erst den ganzen Weg kennen und das Salz gesehen haben, dann werde ich dir zeigen, was ich meine«, gab Rokal zur Antwort. Inzwischen war die Sonne hinter den Bergen verschwunden. Im Osten kroch die Dunkelheit herauf, und im Westen lag noch ein letzter roter Schimmer. Die Berghänge zu beiden Seiten des Flusses wurden zu blauschwarzen Wänden und über dem Fluß stiegen Nebelschleier auf.

Rokals Fuß schmerzte. Der Weg wurde ihm mühsam und beschwerlich.

»Wie weit ist es noch?« fragte er erschöpft.

Faskon zeigte auf den Berg mit einem tiefen Einschnitt, der nicht weit vor ihnen aufragte: »Vor diesem Berg fließt der kleine Fluß in den großen. Dort werden wir unser Feuer machen. Wir sind gleich da, Rokal.«

Als sie den Platz erreichten, warf Faskon die Fische auf den Boden und sagte: »Mein Hunger ist so groß, daß ich alle

Fische allein essen könnte, aber ich werde dir welche lassen.«

Rokal kümmerte sich um das Feuer, und Faskon brach Kiefernzweige für das Nachtlager. Bald garten die Fische an einem Spieß über der heißen Glut. Rokal hielt die Glut ohne große Flamme, um das Nachtmahl nicht zu verbrennen. Von den acht Fischen aß Faskon sechs.

»Wo läßt du sie nur? Mein Magen faßt kaum eineinhalb von diesen großen Fischen«, sagte Rokal.

»Dann gib mir die letzte Hälfte auch noch.« Faskon streckte die Hand aus.

Sie waren satt. Rokal legte Holz auf das Feuer. Ringsum hatte sich die Dunkelheit ausgebreitet und Felsen und Bäume verschluckt. Nur das Licht der Flamme fiel auf ihre Gesichter.

»Wie habt ihr die Salzhöhle gefunden?« Rokal unterbrach die Stille.

»Lagun hat sie entdeckt, als er vor drei Sommern bei einem Gewitter Schutz suchte. Mit vier anderen Jägern spürte er in diesem Flußtal nach Wild. Die Höhle war nicht leer. Sie hatten einen Bärenkampf zu bestehen, bei dem Korgo den Tod fand. Es muß ein sehr schwerer Kampf gewesen sein. Kerks Speer rettete sie, er tötete den Bären. Als sie die Höhle durchsuchten, fanden sie das kostbare Salz. So haben sie es erzählt. Ich war nicht dabei«, berichtete Faskon.

»Wenn wir frischen Bärenkot finden, müssen wir wohl umkehren. Zu zweit können wir uns nicht mit einem Bären einlassen«, sagte Rokal bedächtig.

»Es kann kein Bär in der Höhle sein«, erklärte Faskon, »der Eingang wird nach jedem Salzholen fest mit großen Steinen verschlossen.«

Rokal zeigte auf Faskons Fellkleidung.

*Rokal und Faskon*

»Du selber trägst den Pelz eines Bären, Faskon, wie kamst *du* dazu?«

»Du hast recht, meine Kleidung ist nicht aus Hasenfell«, Faskon lachte, »ein junger Bär mußte mir seinen Pelz lassen. Aber vorher jagte er mich auf einen Baum. Das war mein Glück. Von oben schleuderte ich meinen Speer und erlegte ihn. Auf dem Erdboden hätte ich diesen Kampf nicht gewonnen.«

Bei diesem Gespräch waren Rokal und Faskon nicht allein. Aus sicherer Entfernung wurden sie von zwei rötlichen Augen beobachtet. Es waren hungrige Augen: Wolfsaugen. Der Wolf war den Jägern schon länger gefolgt. Er vergaß den Menschen, der ihm Futter und Wasser gegeben hatte, nicht. Nur die Siedlung mied er. Als er sich eines Abends zu nahe an den Schutzwall gewagt hatte, entdeckte Schirr, der Wächter, den frechen Räuber und warf mit Steinen nach ihm. Schirr verschwendete keinen Speer an einen einzelnen Wolf. Jetzt wartete das Tier darauf, daß die Jäger weiterzogen, um die Reste zu fressen.

Rokal und Faskon streckten sich auf ihrem Lager aus Kiefernzweigen aus und schliefen sofort ein.

Am nächsten Tag im Morgengrauen machten sie sich auf den Weg zur Salzhöhle. Das Tal des kleinen Flusses war an manchen Stellen eng. Steile Felshänge, von denen Geröllströme herunterflossen, wechselten mit Hängen, die sanft zum Wasser abfielen. Sie waren mit Birken und Kiefern bewachsen. Ein schmaler, ebener Grünstreifen zog sich an der westlichen Uferseite entlang.

Auf halbem Weg erlegte Faskon zwei Enten, die bei der Futtersuche ihre Wachsamkeit vergessen hatten.

»Es wird Zeit für ein richtiges Essen. Mir ist schon ganz schwach von dem vielen Fisch«, sagte er.

Sie rupften die Vögel und garten sie über einem Feuer.

»Jetzt geht es mir besser«, Faskon biß in einen Entenschenkel.

»Wenn ich *deinen* Hunger hätte, würde ich nur den Bison und das Mammut jagen. Ihre Keulen sind sogar für dich groß genug«, sagte Rokal.

Dann kam das letzte Stück des Weges. Nicht lange und sie sahen einen Felsen aufragen.

»Da ist der Höhlenfelsen«, sagte Faskon, »und der Wald, am flachen Hang davor, verdeckt den Eingang.«

Sie durchquerten den lichten Wald aus Kiefern und Birken und standen vor der Höhle. Der Eingang war verschlossen, wie Faskon gesagt hatte. Sie suchten nach Spuren.

»Hier ist nur alter Bärenkot, sonst nichts. Ein Bär ist da gewesen, aber er fand die Höhle versperrt. Und das war vor längerer Zeit. Seine Spuren sind kaum noch zu sehen«, sagte Faskon.

Nachdem sie die schweren Felsbrocken beiseite geräumt hatten, ging Faskon als erster gebückt in den halbdunklen Höhlenvorraum, um nach der Steinlampe zu tasten, die sie in einer Nische zurückgelassen hatten.

»Kümmere du dich um ein Feuer, Rokal, ich versorge die Steinlampe«, sagte Faskon, als er wieder ans Tageslicht kam. Er nahm den Docht und den Talgklumpen aus seinem Beutel am Gürtel, knetete den eingefetteten Docht in den Talg und drückte beides in die Mulde des Lampensteins. Als Rokals

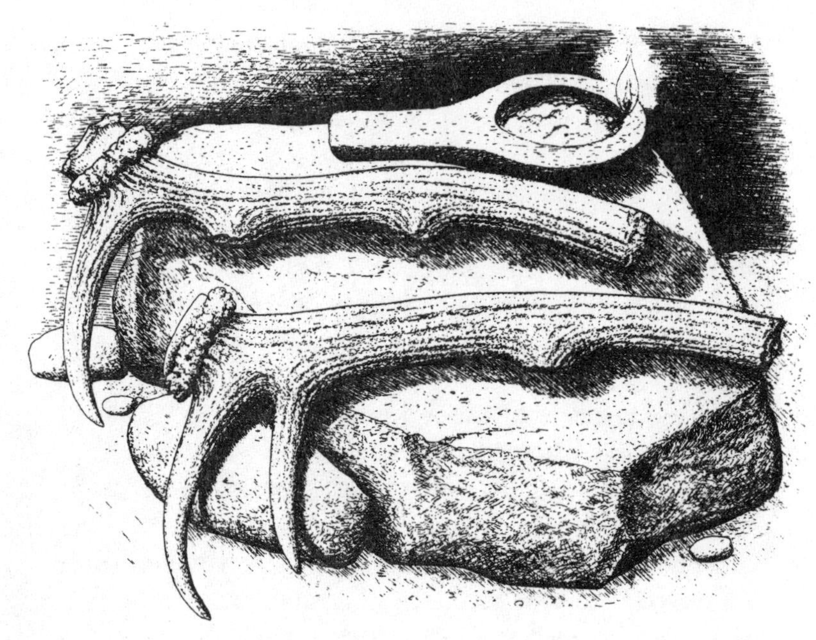

*Steinlampe und Geweihhacken*

Feuer brannte, nahm Faskon einen Holzspan und entzündete den Docht.

»Jetzt gehen wir zum Salz«, sagte er, und das ruhige Licht in seiner Hand ließ sie ihren Weg sicher finden.

Der Höhlenboden war naß, und aus den Rissen und Spalten der Decke tropfte das Wasser. Selbst Faskon, der Riese, brauchte sich nicht zu bücken. Der Gang weitete sich bald zu einer kleinen Halle.

Faskon setzte die Lampe auf den Boden, in deren Schein das Gestein grünlich glitzerte. Er zeigte ringsum.

»Das alles ist Salzstein! Wir müssen ihn herausbrechen«, sagte er und holte aus einem Winkel die Geweihhacken hervor. »Dies ist unser Werkzeug. Wir lassen es stets hier, um es nicht hin- und hertragen zu müssen.«

Nachdem Rokal sich genau umgeschaut hatte, fragte er: »Gibt es noch mehr Gänge in der Höhle?«

»Gleich im Höhlenvorraum hinter einer Steinzacke mündet ein Gang. Soviel ich weiß, hat ihn noch keiner von uns erkundet«, antwortete Faskon.

»Dann will ich der Erste sein«, sagte Rokal, »ich möchte die ganze Höhle sehen. Gänge, die ich nicht kenne, mag ich nicht in meinem Rücken wissen.«

»Berichte mir, was du gesehen hast. Ich fang schon mit der Arbeit an.«

Rokal versorgte das Feuer am Eingang und schnitt ein paar harzige Kienspäne. Mit einem brennenden Span in der Hand fand er das Loch hinter der Steinzacke und leuchtete hinein. Die Flamme flackerte nicht. Aus der Höhle kam kein Luftzug. Daraus schloß er, daß dieser Gang sich nicht nach außen öffnete, sondern im Inneren enden mußte.

Hier ist lange kein Bär mehr gewesen, überlegte er. Auch liegt kein Bärenkot am Boden. Es riecht nicht einmal nach Bär. Gebückt betrat er den Gang, denn er war viel niedriger, aber breiter als der andere. Der Boden stieg leicht an und war ziemlich trocken. Erst nach dreißig Schritten weitete sich der Gang in die Höhe, und nach weiteren zehn mündete er in eine runde, hohe Halle ein. Das Gestein zeigte sich grau und stumpf, als Rokal es mit der Kienflamme ableuchtete.

Ein unbehagliches Gefühl beschlich ihn, aber noch stärker trieb ihn die Neugier. Er entzündete einen neuen Kienspan am alten und ging in die Halle hinein.

Sein Fuß trat auf etwas. Es klapperte und knirschte. Er erschrak und blieb stehen. Was war das?

Er leuchtete den Boden an und sah einen Haufen von großen, schweren Knochen. Als er dicht daneben den gewaltigen Schädel mit den zahnbewehrten Kiefern fand, wußte Rokal, daß er vor den Überresten eines Höhlenbären stand. Tief sog er die kühle, trockene Luft ein, um sich zu beruhigen. In der Höhlenmitte fand er ein ganzes Bärenskelett. Es zeigte noch die Ordnung, als Sehnen, Muskeln und Häute es zusammenhielten. Er schaute sich Schädel und Gebiß genau an.

Die Zähne sind abgekaut... Ein Reißzahn fehlt... Dieser Bär war alt und suchte einen Ruheplatz für den ewigen Schlaf ... dachte Rokal.

Überall lagen Knochen, aber nicht mehr zusammen. Nach dem Tod der Bären kamen die kleineren Aasfresser und verstreuten sie. Mancher Knochen hätte gutes Werkzeug ergeben, aber Rokal berührte keinen. Er wollte den Ruheplatz der Bären nicht stören und kehrte um.

Im großen Gang hörte er Faskons Schläge wieder lauter.

»Bist du einem Bären begegnet?« fragte der Riese, ohne seine Arbeit zu unterbrechen. Der Steinsalzhaufen vor seinen Füßen war noch nicht sehr groß.

Rokal blieb ernst. »Nicht einem, vielen!« antwortete er, »die Bären kommen nur einmal in den oberen Gang und bleiben dort für immer.«

»Du sprichst in Rätseln wie Mura«, beschwerte sich Faskon.

»Am Ende des Ganges ist eine Halle wie hier. Sie ist trocken und voller Bärenknochen«, fuhr Rokal fort, »dorthin verkriechen sich die Bären, um zu sterben.«

Faskon sagte: »Jetzt kann ich mir denken, was damals geschah, als Korgo umkam. Sie haben einen alten Bären gestört, der sterben wollte. Dann sind Bären noch gefährlicher. – Komm, hilf mir, Rokal, damit wir vorankommen.«

Sie arbeiteten, bis ihr Hunger sich meldete.

Die Sonne war gerade untergegangen. Es dämmerte, und bald würde die Nacht alles mit ihrem schwarzen Mantel bedecken.

Rokal legte Holz auf die niedergebrannte Glut und entfachte die Flamme durch Blasen.

»Und jetzt müssen wir noch jagen«, sagte Faskon mißmutig, »als wir zu sechst waren, hatten wir es leichter, denn einer war immer unterwegs, um für das Fleisch zu sorgen. Aber der Wind steht günstig. Er weht von den Berghängen zum Fluß hinab, so daß uns die Tiere nicht wittern können, wenn wir an der Tränke lauern. Sie lockt in der Abenddämmerung die Tiere zum Wasser. Komm, laß uns keine Zeit verlieren.«

Mit der Speerschleuder in der Hand gingen sie zum Fluß hinab. Sie war eine gute Jagdwaffe. Der Schleuderstock verlängerte den Wurfarm des Jägers und gab dem Speer eine größere Wucht und Geschwindigkeit.

Ein kleiner, freier Platz, an dem das Ufer sanft zum Fluß abfiel, war die Tränke. Die vielen Spuren, die dort kreuz und quer durcheinanderliefen, zeigten, daß sie oft besucht wurde. Faskon duckte sich nahe am Ufer hinter einen großen Stein.

*Wurfbereite Speerschleuder*

Rokal erkletterte eine Weide, setzte sich auf einen ausladenden, dicken Ast und drückte sich eng an den Stamm. Von weitem sah er wie ein wuchernder Auswuchs des Baumes aus. Jetzt mußte jeder an seinem Platz geduldig und ohne Bewegung abwarten.

Vor Einbruch der Dunkelheit kamen kurz hintereinander drei Hirschkühe und zwei Kälber zur Tränke. Ein großer Hirsch folgte ihnen dichtauf. Noch nie hatten diese Tiere mit Jägern Berührung gehabt, darum gingen Kühe und Kälber arglos ans Wasser, um zu trinken. Der Hirsch verhielt in der Mitte der Lichtung und zeigte beiden Jägern die Seite. Ohne daß sie sich abgesprochen hatten, handelten Rokal und Faskon zur gleichen Zeit. Zwei Speere trafen den Hirsch. Seine Vorderbeine knickten ein, und er fiel zur Seite. Kühe und Kälber stoben erschreckt davon. Beide Jäger freuten sich über ihr schnelles Jagdglück.

»Das ist Fleisch genug für uns«, sagte Faskon.

»Aber wir brauchen auch noch das Fell. Wir müssen es vorsichtig und unversehrt vom Fleisch ablösen«, erklärte Rokal.

»Das ist viel Arbeit«, sagte Faskon, »und wozu? Brauchst du neue Jagdkleidung?«

»Warte noch, du erfährst es. Ich habe einen guten Grund.«

»Ich muß mich wohl daran gewöhnen, daß du mich warten läßt«, brummte der Riese gutmütig.

Mit scharfen Steinklingen lösten sie das Fell ab und schnitten sich einen Fleischvorrat aus den besten Stücken von Rücken und Schenkeln. Alles andere ließen sie liegen.

Als sie mit Fleisch und Fell zum Feuer zurückkehrten, war es dunkel geworden. Während Faskon das Feuer versorgte und das Fleisch briet, schabte Rokal das Fell sauber und spannte es an Holzpflöcken auf dem Erdboden aus. Nach dem arbeitsreichen Tag und dem reichlichen Mahl schliefen sie nach kurzer Zeit ein.

Früh am nächsten Morgen ging Rokal in der Salzhöhle die Arbeit anders als Faskon an. Mit der Geweihhacke zog er im Abstand von jeweils einer Handbreite senkrecht fingertiefe Furchen in das Salzgestein.

»Was machst du jetzt?« fragte Faskon neugierig.

»Ich versuche, schneller mehr Salz zu gewinnen«, antwortete Rokal, »nimm die Steinaxt, Faskon, und schlage von der Seite die Stege ab.«

Ohne zu zögern, führte der Riese aus, was Rokal ihm gesagt hatte.

Schon bei den ersten Schlägen lösten sich faustgroße Salzbrocken und fielen ihnen vor die Füße. Faskon war begeistert.

»So machen wir weiter! Dann schaffen wir beide soviel wie sonst sechs Männer.«

Rokals Art, den Salzstein zu schlagen, vergrößerte die Ausbeute schnell, weil sie Kraft und Zeit sparte.

»Das ist weit mehr, als wir sonst aus der Wand schlugen. Schon die Hälfte füllt die Fellbeutel, die wir mithaben. Aber wie bringen wir die Last zurück?« fragte Faskon.

»Dafür werde *ich* sorgen«, antwortete Rokal. »Wir bauen uns jetzt aus dem Hirschfell und einigen Holzstangen eine Schleppe. Komm, Faskon, wenn wir sofort damit anfangen, können wir heute noch unser altes Nachtlager beim Berg erreichen.«

»Eine Schleppe?« wiederholte der Riese. »Schon wieder was Neues! Aber ich muß zugeben, daß deine Einfälle gut sind.«

Beide Jäger waren froh, daß sie aus Dunkelheit und Nässe der Höhle wieder ans Tageslicht kamen, und die schwere Arbeit hinter ihnen lag.

Rokal überließ Faskon die Zubereitung des Fleisches und bat ihn, aus dem Fell der Vorderläufe des Hirsches möglichst viele schmale Riemen zu schneiden. Indessen durchstreifte er den Erlenbruchwald unten am Flußufer, auf der Suche nach den geeigneten Hölzern. Sie mußten kräftig genug sein, die Länge von eineinhalb Speeren haben und am dickeren Ende leicht gekrümmt auslaufen. Dazu sollte am unteren Drittel ein kräftiger Ast abzweigen. Rokal hatte eine genaue Vorstellung von dem, was er suchte. Doch es dauerte längere Zeit, bis er das Richtige gefunden, es mit seiner Geröllaxt abgetrennt und zugerichtet hatte. Die vier kurzen, geraden Spreizhölzer, die er brauchte, hatte er schnell ausgesucht und abgetrennt. Als er mit den Hölzern zurückkehrte, waren die Lederriemen geschnitten und das Fleisch fertig. Nachdem sie

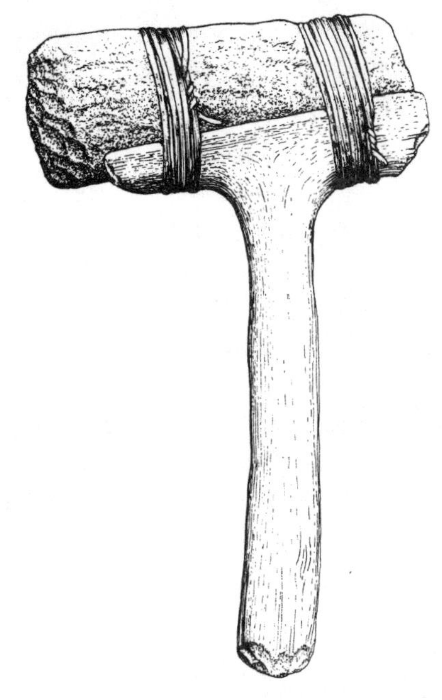

*Geschäftete Geröllaxt*

es eilig verzehrt hatten, begannen sie mit dem Zusammenbau der Schleppe. Rokal legte die Holme im Abstand von einer Armlänge nebeneinander auf den Boden. Die gekrümmten Enden zeigten in die gleiche Richtung. Dann drehte er sie so, daß die beiden Asthaken nach oben lagen. Jetzt wies er Faskon an, ein Spreizholz mit Kreuzbindungen fest an die beiden Enden der Asthaken zu schnüren, so daß die Holme ihren ersten Halt bekamen. Das zweite Spreizholz wurde im Winkel von Ast und Holm angeschnürt und gab dem Gerüst schon größere Festigkeit. Die beiden letzten Spreizhölzer mußte Faskon so an das Zugende der Holme binden, daß ein Mann seinen Oberkörper leicht dazwischenschieben konnte.

»Jetzt fehlt nur noch das Fell und die Last«, sagte Rokal.

»Und derjenige, der zieht... das werde ich wohl sein«, vollendete Faskon.

In drei Seiten des Felles stachen sie mit Steinspitzen Lochreihen, eine Handbreit vom Rand entfernt. Zuerst schnürten sie das hintere Ende an das obere Spreizholz zwischen den beiden Asthaken. Dann schoben sie das Fell an die untere Spreize, banden es an zwei Stellen fest und knoteten nun die Längsseiten an die Holme. Zuletzt klappten sie die beiden großen Fellappen der Hinterschenkel nach vorn um und schnürten sie auch an die Holme.

Als sie damit fertig waren, sagte Rokal: »So hat unsere Stangenschleppe hinten eine Tasche und unsere Salzladung kann nicht herausrutschen.«

»Ich kann einen Hirsch in vollem Lauf mit dem Speer treffen, aber dieses hier wäre mir nie eingefallen«, sagte Faskon bewundernd und ging um die Schleppe herum, »du hast wirklich an alles gedacht.«

»Wir beladen die Schleppe in der Höhle«, sagte Rokal. Faskons Lob freute ihn.

Zuerst legten sie die Salzbrocken in die Mulde der Schleppe, füllten den Salzgrus in die Lederbeutel und packten sie oben darauf. Faskon zog die Stangenschleppe aus der Höhle. Rokal legte die Geweihhacken ab und stellte den Lampenstein wieder in die Nische. Und nachdem sie den

Höhleneingang mit der Steinpackung verschlossen hatten, machten sie sich auf den Rückweg.

Unterwegs sagte Rokal: »Wir sollten das Hirschgeweih mitnehmen. Die Geweihstangen sind sehr dick und geben gute Speerspitzen und Harpunen ab.«

Die Stangenschleppe rutschte auf ihren gekrümmten Enden über den Boden und Faskon schien die Last kaum zu spüren.

»Deine Schleppe läßt sich so leicht ziehen, daß mir das Gewicht eines Hirschgeweihs auch nichts mehr ausmacht«, sagte er.

Bei den Hirschresten erlebten sie eine unliebsame Überraschung.

»Wer hat denn hier gehaust?« Faskon setzte die Stangenschleppe ab und trat neugierig näher. »Wie gut, daß wir gestern schon unseren Fleischvorrat für den Rückweg mitgenommen haben. Hier war ein hungriger Fresser, wenn nicht gar mehrere.«

Der größte Teil des Fleisches war verschwunden, das Geweih aber unversehrt. Faskon brach die Geweihstangen ab und löste auch noch zwei Röhrenknochen von den Resten. Denn Knochenmark war ein Leckerbissen für die Jäger. Während er alles auf die Schleppe lud, prüfte Rokal die Spuren.

«Faskon«, rief er, »ich weiß, wer der Fresser war: ein Wolf!«

In der feuchten Erde nahe am Wasser zeichnete sich deutlich eine Wolfsfährte ab. Faskon kam, ging der Spur nach und zeigte auf mehrere Pfoteneindrücke:

»Der Wolf hinkt mit der rechten Hinterpfote. Er schont sie und drückt sie nicht so tief ein wie die anderen.«

»Das kann nur *mein* Wolf sein!« rief Rokal und erzählte dem Freund die Geschichte ihrer Begegnung beim Feuerberg. »Merkwürdig, er scheint mir zu folgen.«

»Vielleicht sucht er unsere Lagerplätze nach den Resten ab«, sagte Faskon, »diesmal hat es sich für ihn gelohnt. Wenn er sich daran gewöhnt, haben wir einen ständigen Begleiter. Wir wollen auf ihn achten.«

Dann machten sie sich auf den Weg und nutzten den Rest des Tages, um so weit als möglich voranzukommen. Rokal, der nur die Speerschleudern und die Speere trug, ging voran, erkundete den besten Weg und räumte hin und wieder Steine oder Bruchholz zur Seite. Faskon konnte die Schleppe stetig ziehen, so daß sie gut vorwärts kamen. Beim ersten blassen Mondlicht erreichten sie ihren alten Lagerplatz am Berg mit dem tiefen Einschnitt, wo die Flüsse sich trafen. Dort schnitten sie den Rest vom Hirschfleisch in schmale Streifen und rieben es kräftig mit feinem Salz ein, hielten es kurz über das Nachtfeuer und aßen es halbroh. Von den Anstrengungen erschöpft, fielen sie in einen festen Schlaf. Morgen stand ihnen noch ein langer Weg bevor.

In der Siedlung am Fluß waren die Frauen und Kinder mit Umin und Schirr zurückgeblieben. Alle anderen Männer waren unterwegs. Unter Monkans Leitung jagten Elgor, Brug, Gomrod, Kerk und Lagun auf der Hochebene im Westen nach Fleisch. Sie wollten erlegen, was ihnen in den Weg kam. Die warme Luft und der leichte Westwind, der ihnen entgegenwehte, waren günstig für die Jagd.

Faskon und Rokal hatten den Auftrag, Salz zu holen, und in der Siedlung gab es genug zu tun, während man auf die erfolgreiche Rückkehr der Jäger wartete. Manche Frauen fertigten neue Fellkleidung an oder besserten alte aus, andere schnitten Fellstücke zu dünnen Riemen auf, um die Verbindungen der Zelthäute zu erneuern. Drei Frauen sammelten mit einigen größeren Kindern Beeren und Wurzelknollen in der Nähe. Dabei trugen sie ihre kleinsten Kinder in Traggestellen auf dem Rücken.

Umin, der Steinschläger, saß neben seinem Zelt und arbeitete an einer Geweihstange. Geduldig ritzte er mit einem Steinstichel zwei Rillen in das Horn im Abstand von einer guten Daumenbreite. Immer wieder fuhr er mit der Stichelspitze die Rillen entlang und schälte feine Hornspäne heraus, bis sie langsam tiefer wurden. Wenn sie das weichere Innere erreicht hatten, konnte er den ersten Span heraushebeln. So wollte er Rille um Rille ziehen, um mehrere Geweihstreifen aus der Stange zu gewinnen, bis sie aufgebraucht war. Aus diesen Spanstreifen sollten scharfe Speer- und Lanzenspitzen werden, die auch für die Jagd auf größere Tiere taugten. Um sie mit heißem Wasser gerade zu biegen und ihnen die endgültige Form zu geben, brauchte es weitere Zeit. Bei dieser Arbeit fiel immer das untere Geweihende ab. Daraus hatte er schon einmal einen kleinen Vogelkopf geschnitzt, den er dem Mädchen Gingi schenkte, die für Schirr Läuferdienste tat und Umin mit Neuigkeiten versorgte.

Aus Röhrenknochen fertigte Umin in gleicher Weise wie die Waffenspitzen durchbohrte Nadeln an, von denen viele gebraucht wurden, weil sie leicht abbrachen.

Noch jemand in der Siedlung verstand sich auf eine

besondere Kunst: Schirr, der Wächter. Oft war er von einer Schar Kinder umringt, die gebannt auf seine Hände sahen, wenn er mit einem Steinstichel Tiere auf eine Schieferplatte ritzte. Früher war Schirr einer der besten Jäger gewesen. Er hatte alle Tiere erlegt, die es in ihrem weiten Jagdgebiet gab, sogar das mächtige Mammut und das wollhaarige Nashorn. Er besaß eine seltene Fähigkeit. Schirr hatte die Bilder der Tiere so genau im Kopf, daß er sie auf den Schieferplatten wieder lebendig machen konnte. Aber nach vielen Sommern und Wintern machten reißende Gliederschmerzen in den Beinen seinen Gang steif und mühsam und verboten ihm die Jagd. So wurde er der Wächter der Siedlung, denn seine Augen sahen scharf und achteten auf alles, was sich in der Umgebung bewegte. Seine Aufgabe ließ ihm genug Zeit, viele feine Linien in den Schiefer zu ritzen, aus denen sich dann die verschiedensten Tiere wie Pferd und Mammut, Nashorn, Hirsch, Wisent, Vogel und Fisch erkennen ließen. Manchmal ritzte er ein verwirrendes Muster von geschwungenen Strichen ein, aber die Kinder erkannten es gleich:

»Seht«, riefen sie, »Schirr malt, wie die Frauen tanzen!« und freuten sich. Manchmal bat ihn Mura um eine Zeichnung von einem bestimmten Tier. Damit setzte sie sich an einen stillen Platz, und niemand wagte sie zu stören. Mura bittet um gute Jagd für uns, hieß es dann.

Heute saßen die alte Mura und die junge Arik nebeneinander und sprachen von Dingen, die nicht für alle Ohren bestimmt waren. Dabei zerrieben sie in kleinen, flachen Mulden, die Umin aus dem Sandstein geschlagen hatte, Rötelbrocken zu feinem Pulver, um rote Farbe zu gewinnen.

»Eigentlich habe ich Faskon und Rokal nicht gern allein

um das Salz geschickt«, sprach Mura ihre Gedanken aus, »aber Rokal wollte nicht mit Kerk und Lagun zusammen gehen.«

»Das verstehe ich gut«, sagte Arik, »Kerk, Lagun und Linga haben Rokal mißachtet, seitdem er bei uns ist. Faskon zerbrach Kerks Speer. Und Kerk vergißt nicht, Mura.«

Mura nickte zustimmend.

»Faskon ist ein Riese, ein argloser Riese, der auf seine Stärke vertraut. Rokal überlegt und wägt ab, was er tut. Jeder dieser beiden hat, was dem anderen fehlt. Es ist gut, wenn sie Freunde werden, dann können sie viel erreichen.«

Die beiden Frauen schwiegen eine Weile.

Und dann fragte Mura: »Wem neigt sich dein Herz zu, Arik? Du brauchst auf meine neugierige Frage nicht zu antworten, wenn du nicht möchtest.«

»Aber ich antworte dir gern«, Arik sah Mura offen an. »Rokal, der Fremde, ist mir nicht fremd. Ich mag seine freundliche und nachdenkliche Art. Du selber, Mura, hast mich gelehrt, einen Jäger nicht nur an Gliedern und Speerarm zu messen. Ich mochte Rokal schon, als er krank und hilflos in unserem Zelt lag und ich ihn pflegte.«

»Ich habe es wohl gesehen«, sagte Mura.

In diesem Augenblick rannte Gingi durch die Siedlung und rief mit heller Stimme: »Sie kommen! Kerk und Lagun kommen zurück! Und sie bringen Fleisch!«

Schirrs scharfe Augen hatten die beiden Jäger schon von weitem gesehen, als sie von der Hochebene zur Siedlung hinabstiegen. Sobald sie näher herankamen, erkannte er Kerk und Lagun, die große Fleischstücke an langen Stangen über ihren Schultern schleppten. Und weil seine Beine ihn schmerzten, schickte er Gingi, um die gute Nachricht zu verbreiten.

»Ich sehe, ihr habt Jagdglück gehabt, das ist gut für uns alle«, empfing Mura die beiden Jäger. »Berichtet uns von euren Erlebnissen!«

Und Lagun begann zu erzählen: »Wir haben große Beute gemacht. Eine Wisentkuh und ein Kalb entfernten sich von ihrer Herde, und wir nutzten diese günstige Gelegenheit. In einem weiten Jagdkreis näherten wir uns und schlichen auf Speerwurfweite heran. Ich gab das Zeichen, und dann flogen die Speere. Die Kuh brach in die Knie, und sie fiel zur Seite. Wieder war es Kerks Speer, der tödlich traf. Dann erlegten wir das Kalb. Brug und Gomrod bleiben bei der Beute, um sie zu zerteilen und vor Fleischräubern zu schützen. Monkan und Elgor sind nach uns gegangen, sie müssen bald mit ihrer Last hier sein. Zuerst bringen wir euch das zarte Kalbfleisch.«

Jetzt mischte sich Kerk in das Gespräch: »Wir haben unsere Arbeit getan. Aber wo bleibt das Salz? Ein Berg Fleisch wartet darauf, daß man ihn holt. Daran könnte Faskon seine Kraft erproben, aber ich sehe, er ist nicht hier.«

»Faskon und Rokal haben *ihre* Last und einen längeren Weg«, sagte Mura, »und deine Ungeduld bringt sie nicht früher zurück.«

Die beiden Männer, von denen gesprochen wurde, waren der Siedlung schon näher, als alle ahnten. Faskon hatte die Stangenschleppe den ganzen Weg ohne Rokals Hilfe gezogen und nur einmal eine kurze Pause eingelegt. Trotzdem war ihm die Anstrengung kaum anzusehen.

»Geh schon allein voraus, Rokal. Du wirst ihnen ein Rätsel

aufgeben, wenn du erzählst, daß ich allein mit der großen Salzladung ankomme. Aber verrate nichts.«

»Gut, so machen wir es«, sagte Rokal.

Als Rokal allein ankam, fragte Mura sofort: »Wo ist Faskon?«

Und Linga rief: »Und wo bleibt unser Salz, Rokal? Aber viel wird es wohl nicht sein, bei eineinhalb Männern ...«

»Du irrst«, antwortete Rokal, »wir bringen mehr Salz als sonst. Faskon wird gleich hier sein.«

Sie brauchten nicht lange zu warten, dann kam Faskon schon mit der Salzladung. Und Schirr, der Wächter, der sonst jeden unnötigen Weg mied, ging mit zufriedenem Gesicht steifbeinig neben ihm.

»Hier ist das Salz!« sagte Faskon stolz. »Aber nur, weil Rokal sich eine Stangenschleppe ausgedacht hat, konnten wir euch so viel bringen.«

Alle, auch die Kinder, drängten sich um die Neuheit, bestaunten sie und kosteten von dem Salz. Umin, der Steinschläger, bahnte sich eine Weg zu der Schleppe, betrachtete sie genau und maß die Dicke des Hirschgeweihs mit Daumen und Zeigefinger.

»Daraus werden gute Speerspitzen«, sagte er anerkennend.

Nicht lange danach kamen Monkan und Elgor mit der zweiten Fleischlast. Lagun und Kerk waren gleich wieder ausgezogen. Besonders Lagun mochte den unerwarteten Erfolg von Rokal und Faskon nicht länger mit ansehen, er fühlte seine eigene Bedeutung geschmälert.

Monkan und Elgor staunten wie die anderen, als sie die Schleppe sahen und sparten nicht mit Lob.

»Wollt ihr sie auch für das Fleisch gebrauchen?« fragte

Rokal Monkan, den erfahrensten Jäger: »Sie ist schnell abgeladen. Bindet ein längeres Querholz vorne an, und dann können zwei Jäger die Schleppe ziehen.«

»Dein Vorschlag ist gut, Rokal. Der Weg zu unserer Beute ist zumeist glatt und ohne eine steinige Ebene. Nur zwei kleine Bachläufe sind zu überqueren, und an diesen Stellen können wir die Schleppe hinübertragen. Geht ihr auch mit? Es ist viel Fleisch an einer Wisentkuh und einem Kalb...«

»Rokal und Faskon haben das Salz geholt und sollen erst darüber berichten«, entschied Mura.

Besonders Umin und Arik konnten von Faskons und Rokals Erlebnissen nicht genug hören. Der kluge Umin ließ sich die Hirschjagd und die Begegnung mit dem Wolf sogar zweimal erzählen. Dann wiegte er nachdenklich den Kopf und sagte: »Ein Wolf, der dem Jäger folgt? Seltsam...«

Die Tage bis zum Halbmond vergingen, ohne daß sich etwas Besonderes ereignete. Das viele Fleisch der Wisentjagd wurde in feine Streifen geschnitten und an Schnüren in der Sonne zum Trocknen aufgehängt.

Umin saß mit gekreuzten Beinen auf einer dicken Schieferplatte. In der Hand wog er einen grünlich gefärbten Geröllstein, drehte und wendete ihn und deutete mit der anderen Hand auf den schmalen, hochgewachsenen Jungen, der ihm gegenüberhockte. Es war Gingis älterer Bruder Nück.

»Du willst lernen, den Stein zu schlagen, Nück, aber beim Schlagen mußt du nicht deine Hände, sondern den Werkstein treffen. Ich zeige es dir noch einmal.«

Umin spaltete mit einem kurzen harten Schlag den Stein in seiner Hand und schaffte so eine glatte Schlagfläche. Jetzt hieb er schräg von oben darauf. Eine Klinge löste sich von der Seite und fiel in seine Lederschürze.

»Nun versuche es selber, Nück! So wie du es gesehen hast«, forderte Umin ihn auf. Aber Nück mühte sich vergeblich. Kein Steinstück wollte sich vom Kern abspalten.

»Es will mir einfach nicht gelingen. Ich möchte doch lieber ein guter Jäger werden, Umin.« Mit diesen Worten stand Nück auf und ging zum Fluß. Auf halbem Weg begegnete er Rokal, der den Hang hinaufkam. Nück war froh, einen Zuhörer zu haben und redete auf ihn ein: »Heute morgen habe ich ein scheues Schneehuhn beschlichen und gefangen. Es ist nicht schwer, wenn man es richtig macht, Rokal.«

Rokal klopfte dem Jungen auf den Arm: »Gut so, Nück. Versuche die Jagd zuerst mit den kleinen Tieren. Du weißt, leise schleichen ist besser als rennen und das Wild verscheuchen.«

Umin ärgerte sich inzwischen über das Flußgeröll. »Ein harter Brocken! Kein Wunder, daß der Junge ihn nicht spalten konnte«, knurrte er vor sich hin.

Rokal ging an Umin, dem Steinschläger, vorbei und grüßte ihn. Er wollte nicht stören, aber Umin rief ihn zurück: »Komm zu mir, Rokal. Ich habe Fragen an dich. Als du zu uns kamst, erfolgreicher Salzjäger, hattest du einen dunklen Stein in deinem Beutel. Den möchte ich in die Hand nehmen und eine Klinge davon abschlagen. Kannst du mir etwas über seine Herkunft erzählen?«

Rokal öffnete seinen Werkzeugbeutel, gab den Rest des Kernsteins Umin und sagte: »Dieser Stein stammt aus einem Tal zum Sonnenuntergang hin. In unserer Siedlung und deren

Umgebung gab es ihn nicht. Wir hatten einen guten Steinschläger bei uns, so wie du es hier bist, Umin. Er hieß Kelun. Er war es, der den Feuerstein heranholte. So nannten wir den Stein, denn es riecht manchmal nach Feuer, wenn man ihn schlägt. Damals habe ich versucht, Keluns Kunst zu erlernen, aber sein Können nie erreicht. Von ihm erfuhr ich, wo der Stein zu finden ist.«

»Wie kommt man dorthin, Rokal, und wie weit ist es?« fragte Umin neugierig.

»Man geht erst zu den Stromschnellen«, fuhr Rokal fort, »und von dort aus immer der Abendsonne entgegen. Mehrere Hügelketten muß man überwinden, bis man an einen Fluß kommt, dessen Lauf sich wie eine Schlange windet. Dann folgt man ihm drei große Windungen flußaufwärts, bis das Gestein sich ändert. Erst ist es dunkel und schwarz. Dann aber bekommt es von unten aufsteigend einen weißen Streifen, bis schließlich an der Flußschleife der ganze Felsen weiß leuchtet. Und diese weiße Steilwand ist aus weichem Gestein. In ihm steckt der Feuerstein in mehreren Schichten übereinander. Auch davor liegen viele Feuersteinknollen, die das Wasser ausgewaschen hat. Sie sind um vieles besser und springen beim Schlag leichter als das Geröll aus dem großen Fluß. Das hat mir Kelun erzählt«, schloß Rokal.

Umin schlug eine Klinge von Rokals Stein und prüfte sie.

»Das sehe ich wohl. Die Klinge ist scharf, und sie sprang gut. Sind alle Steine so wie dieser? Und wie weit ist es von hier aus, Rokal? Kannst du es in Tag-Nacht-Wechseln oder anders benennen?«

»Alle Feuersteine sind gut. Bis zum vollen Mond, vom Halbmond an gezählt, wird es mit Hin- und Rückweg dauern. Es ist kein leichter Weg über das Hügelland, sagte mir damals Kelun.«

»Wenn ich doch besser gehen könnte, so wie früher«, bedauerte Umin. »Dann würde ich mir diesen Stein schon herbeischaffen. Wir könnten ihn gut gebrauchen.«

»Du sollst ihn bekommen, Umin«, versprach Rokal, »ich werde Faskon fragen. Und wenn Mura zustimmt...«

Rokal mußte nicht lange bitten. Faskon liebte solche Abenteuer.

Nachdem Umin Mura Vorteil und Nutzen des Feuersteins erklärt hatte, war sie einverstanden und fragte nur: »Ihr wollt wieder allein gehen?«

»Ja, wir gehen allein«, antwortete Rokal.

Schon am folgenden Tag machten sie sich auf den Weg.

»Viel Glück und kommt gesund zurück«, wünschte ihnen Arik, und Rokal hob die Hand zum Abschied.

Am Durchgang im Schutzwall stand Lagun und sah den Jägern lange nach. Dabei hatte er keine guten Gedanken.

Faskon und Rokal schließen sich immer enger zusammen, dachte er. Mura ist ihnen dabei wohlgesonnen. Sie gehen wieder fort. Ich wüßte auch Besseres, als mich nur um die Fleischjagd zu kümmern. Mura hat schon viel zu lange das Wort in der Siedlung. Sie ist alt und wird sicher bald sterben. Dann soll keine Frau mehr hier an erster Stelle stehen. Mura verdirbt mir Arik. Sie sieht mich schon lange nicht mehr an und hat nur noch Augen für Faskon und Rokal. Und Faskon steht meinen Plänen im Weg. Es ist seltsam, seit Rokal hier ist, scheint den beiden alles zu gelingen. Aber was ist der Fremde schon ohne Faskons Kraft? Faskon ist der Gefährlichere. Ich muß einen Weg finden, um ihn beiseite zu schaffen. Und Kerk soll mir dabei helfen. Er hat den zerbrochenen Speer nicht vergessen, und Linga werde ich dazu bringen, daß sie seinen Haß noch schürt. Dann steht Rokal allein. Elgor, Monkan, Gomrod und die anderen werden auf den hören, der die besten Worte machen kann, und das bin ich..., so dachte Lagun.

Auch Gingis Bruder Nück sah Rokal und Faskon nach. Aber mit sehnsüchtigen Augen. Zu gerne wäre er zum Feuerstein mitgegangen. Mura hatte es ihm nicht erlaubt. Dafür hatte man ihm reichlich Arbeit gegeben: Holz und Wasser holen, Knochennadeln spitz schleifen, runde Unterlegscheiben aus Schiefer für das Verschließen der Zelteingänge durchbohren, Felle säubern und noch mehr. Nück war beschäftigt.

Von den Stromschnellen aus wanderten die Freunde zügig über die Hochebene. Sie war grasbewachsen, offen und weit. Nur ab und zu durchquerten die Jäger Gruppen von Wacholderbüschen. Kamille, Kornblume und Schafgarbe waren schon verblüht. Vor den Hügeln der Lemminge machten sie das erste Nachtlager. Sie wußten, daß sie jetzt immer der untergehenden Sonne entgegen gehen mußten, bis sie auf den Schlangenfluß trafen. Als sie sich ein Feuer am Rande des Hangwaldes machen wollten, hörte Faskon das Summen.

»Hörst du es, Rokal? Überall Bienen! Ich habe schon lange ihren süßen Honig entbehrt.« Er beobachtete aufmerksam den Flug der kleinen Tiere und folgte ihnen Schritt für Schritt. »Komm mit, Rokal, sie fliegen alle in eine Richtung. Ich glaube, ihr Nest kann nicht weit sein.«

Den Flug der Bienen zu verfolgen und so ihr Nest zu finden, war Rokal neu. Es dauerte eine ganze Zeit, und sie mußten einige Irrwege machen. Aber dann hatte Faskon die Wohnung der Bienen entdeckt: in einem hohlen Kiefernstamm war das Nest.

»Hier, Rokal, hier unten durch diese Löcher fliegen die Bienen ein und steigen in der Höhlung zu ihrem Nest empor«, Faskon zeigte auf die Einfluglöcher. »Jetzt machen wir ein Feuer um den Stamm herum, legen nasses Holz auf und räuchern sie aus. Und dann fällen wir den morschen Stamm und holen den süßen Honig heraus.«

Das Feuer war bald entfacht. Die Jäger rollten ihre Lederschürzen zu langen Röhren, sogen damit den Qualm ein und bliesen ihn in die Einfluglöcher. Sie husteten, ihre Augen tränten, aber dann schwärmten die Bienen in wilder Flucht aus ihrem Versteck.

»Laß uns schnell noch schwelende Hölzer in die Löcher stopfen!« riet Rokal. »Ich glaube, ganz so leicht kommen wir nicht davon.« Und er behielt recht. Beim Fällen des hohlen Stammes rächten sich ein paar Nachzügler mit einigen schmerzhaften Stichen an den Jägern. Aber was waren Stiche schon gegen Honig! Zum Glück hatten sie wenigstens ihre Gesichter mit den Rentiermänteln verdeckt. Wildhonig war ein seltener Leckerbissen. Meist bekamen ihn die kleinen Kinder und die schwangeren Frauen. Auch für die Wundbehandlung wurde ein Teil aufbewahrt. Faskon brach den Stamm um, zog ihn ein gutes Stück den Hangwald hinab und spaltete ihn auf. Viele Bienen, die erst jetzt von der Honigsuche zurückkehrten, summten aufgeregt um den Baumstumpf herum und suchten ihr Nest, bis sie vom Rauch vertrieben wurden. Faskon löste vorsichtig die Honigwaben aus dem Stamm. Es gab eine köstliche Mahlzeit für die beiden Jäger. Rokal behielt zwei Waben nachdenklich in der Hand und sagte zu Faskon:

»Die möchte ich Arik mitbringen.« Der Riese lachte.

»Iß den Honig lieber selber, Rokal, sonst haben ihn, bis wir zurück sind, die Ameisen gestohlen. Für Arik könntest du etwas Besseres finden. Unsere Frauen lieben Ketten aus Hirsch-, Eisfuchs- und Rentierzähnen. Manche tragen auch Holzperlen und kleine Schnecken um den Hals und an der Kleidung. Alle finden Gefallen daran. Ich habe noch eine Handvoll schöner Eisfuchszähne, die kannst du haben. Aber

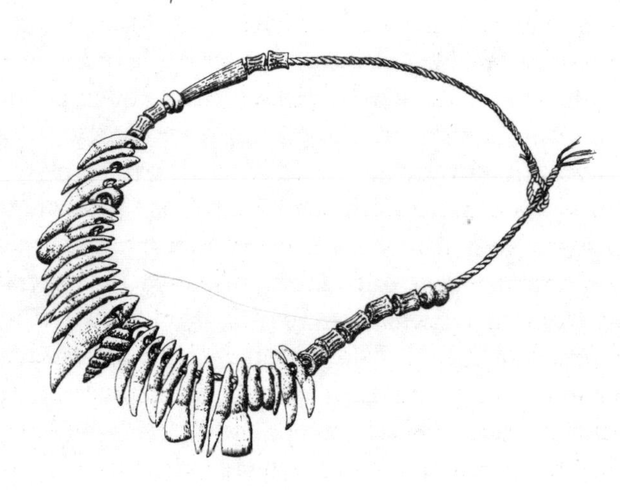

*Halskette*

die vom Hirsch und Rentier mußt du dir selber zusammenjagen.«

Fünf Tage zogen sie durch das Hügelland. Auf dem Weg sah sich Rokal öfter nach seinem alten Bekannten, dem Wolf, um. Hatten sie gute Jagdbeute gemacht, ließen sie die Reste am Lagerplatz zurück. Aber der Wolf zeigte sich nicht. Dafür ein Vielfraß, der eifrig auf Lemminge und Pfeifhasen Jagd machte. Trotzdem hatte Rokal das Gefühl, sein scheuer Begleiter sei in der Nähe.

Am sechsten Tag, als die Sonne auf ihrer Mittagshöhe stand, erreichten sie den Schlangenfluß. Faskon staunte über die vielen Schleifen und Windungen.

»Hier sieht es aus, als ob der Fluß lieber rückwärts als vorwärts fließen möchte«, sagte Faskon, »wie geht es jetzt weiter, Rokal?«

»Wir müssen drei große Windungen *mit* dem fließenden Wasser gehen. Wenn sich die Farbe des Gesteins ändert, ist die richtige Stelle nicht mehr weit.«

»Müssen wir den Fluß durchqueren?« fragte Faskon.

»Ja, aber damit warten wir besser, bis von einem Hügel aus die weiße Steinwand zu sehen ist.«

Inzwischen hatten sich schwere, dunkle Wolken vor die Mittagssonne geschoben, und es begann zu regnen. Sie zogen ihre Mäntel aus Rentierfell, die das Wasser nicht durchließen, über Kopf und Schultern. An den Uferhängen wurde der Bewuchs karger. Nur wenige kleine Bäume klammerten sich noch in den Rissen und Spalten fest. Von unten aufsteigend, tauchten nun im Gestein weiße Bänder auf, wurden breiter und wuchsen bald zu einer weißen Wand zusammen.

»Wir sind da, Faskon, so hat Kelun es mir beschrieben.

Diesen Hügel steigen wir auf. Er ist hoch genug und gibt uns eine gute Aussicht auf die weiße Wand dort drüben.«

Der dichte Regen nahm ihnen die Sicht, als sie von der Höhe über den Fluß spähten.

»Da!« Rokal griff Faskons Arm. »Siehst du das Feuer dort unten? Es ist abgedeckt, aber sein Rauch ist doch zu sehen. Wir sind nicht allein! Eine andere Jägergruppe muß das Steinlager entdeckt haben«, flüsterte Rokal.

»Ich sehe nur Regen«, murrte Faskon.

»Das Feuer ist neben den großen Steinblöcken«, berichtete Rokal weiter, »und ich sehe noch mehr. An der weißen Wand lehnen zwei Speere. Mindestens zwei Jäger müssen dort drüben sein.«

»Was tun wir jetzt?« fragte Faskon.

»Wir beobachten und warten.«

Sie schwiegen eine Weile. Als der Regen nachließ und die Sicht besser wurde, sagte Rokal und kniff die Augen zusammen: »Da sind dunkle Löcher in der Wand. Sie sehen wie Höhleneingänge aus. Und zwischen ihnen stehen die Speere. Aber von Höhlen in der Wand hat mir Kelun nichts erzählt.«

»Und ich sehe weiße Schutthaufen davor. Ob sie in den Löchern nach dem schwarzen Feuerstein graben?« überlegte Faskon.

Dann bewegte sich etwas zwischen den großen Steinblökken, und sie sahen den Fremden. Er hatte, unter einem Rentierfell vor dem Regen geschützt, hinter dem Feuer gesessen. Darum hatten sie ihn nicht entdeckt. Gerade stand er auf und nahm eine dünne Steinplatte vom Feuer, um Holz nachzulegen. Neben ihm lag seine Speerschleuder.

»Es sind drei Männer!« sagte Faskon auf dem Hügel. Der

fremde Jäger sah sich um und schaute prüfend über den Fluß. Aber er entdeckte Rokal und Faskon auf der gegenüberliegenden Höhe nicht. Jetzt fiel der Regen wieder dichter, und Faskon zog seinen Rentiermantel über den Nacken.

»Was nun? Wollen wir sie überfallen?« fragte er. »Wir haben es nur mit drei Jägern zu tun, und zwei davon müssen in den Löchern stecken. Die Gelegenheit ist günstig.«

»Nicht so laut, Faskon«, warnte Rokal, »deine Stimme trägt über den Fluß. Er könnte uns hören. Laß mich nachdenken.«

An der Kreidewand arbeiteten wirklich drei fremde Jäger, die ihre Siedlung einen Tagesweg entfernt hatten. Sie hießen Mepar, Raftin und Krock. Mepar war ihr Anführer. Er hatte den Platz der Feuersteine bald nach Rokals Gruppe entdeckt, als er mit seinen Männern auf Jagd war.

Sie hatten zuerst die Steine benutzt, die vor der Wand lagen. Später fanden sie heraus, daß viel mehr von ihnen in der weißen Wand steckten. Dieser frische Stein sprang sogar noch leichter und gab bessere Werkzeuge, als sie bisher hatten. Mepar wollte möglichst viel von diesem Stein, und darum hatten sie mit Geweihhacken Suchlöcher in die Wand getrieben. Jetzt arbeiteten Mepar und Raftin jeder in einem engen Loch. Krock, der dritte Mann, versorgte das Feuer, hatte schon Fische gespeert und wollte nun am Fluß nach Enten jagen.

Auf der anderen Seite des Flusses überlegte Rokal: Wir werden mit diesen Fremden zusammentreffen, wenn wir den Stein wollen. Aber muß es dabei zum Kampf kommen? Wie ein Kampf ausgeht, weiß man nie. Auch dann nicht, wenn

Faskon, der Riese, dabei ist. Vielleicht geht es anders. Wir müssen uns bald entscheiden...

»Faskon...«, flüsterte Rokal.

Ein lauter Angstschrei schnitt ihm das Wort ab. Zwei Dinge geschahen gleichzeitig. Das rechte Suchloch stürzte ein, und aus dem linken sprang ein Mann heraus. Der andere, der unter den Steinen lag, hatte den Notschrei ausgestoßen. Und so war es geschehen: Über den Löchern hatte der schwere Regen den Kreidestein aufgeweicht und die Risse vergrößert, so daß er nachgab und einstürzte.

Raftin warf mit beiden Händen Steine beiseite, um Mepar zu befreien. Krock ließ sein Feuer im Stich und eilte ihm zu Hilfe.

»Jetzt müssen wir handeln, Rokal!« drängte Faskon, »mit zwei Gegnern werden wir fertig. Sie können sich nicht darum kümmern, was hinter ihren Rücken geschieht.«

»Hör zu, Faskon, wir werden nicht kämpfen. Die Jäger sind im Unglück. Du hast mich verletzt am Fluß gefunden und mir geholfen, als *ich* im Unglück war. So wollen wir beide auch jetzt handeln«, flüsterte Rokal, »wenn wir auf sie zugehen, werden wir das Friedenszeichen machen. Und wenn sie es annehmen, legen wir die Speerschleudern ab.«

»Und wenn sie den Streit wollen?« fragte Faskon.

»Dann können wir immer noch zu den Speeren greifen, komm!«

Sie rannten den Hang hinunter und durchquerten den Fluß, so schnell sie konnten. Auf der letzten kleinen Strecke am anderen Ufer näherten sich Rokal und Faskon langsam und gut sichtbar. Als sie auf Speerwurfweite an die fremden Jäger herangekommen waren, riefen sie die beiden Männer an, stießen die Speerschäfte in den Boden und breiteten die leeren Hände zum Zeichen des Friedens aus.

Raftin und Krock fuhren herum, ließen die Steine fallen, sprangen auf, sahen den riesigen Faskon und wollten nach ihren Speerschleudern greifen. Rokal und Faskon blieben ruhig stehen.

»Wir wollen keinen Kampf«, rief Rokal laut. »Wir kommen, um euch zu helfen!«

Raftin und Krock zögerten noch, dann stießen auch sie ihre Speerschäfte in den Boden und breiteten die leeren Hände aus. Dieses Zeichen für Frieden war bei allen Jägern bekannt. Und wurde es angenommen, griff niemand mehr zu seiner Waffe. Rokal und Faskon gingen auf Raftin und Krock zu.

»Wir müssen uns eilen! Mepar, unser Anführer, ist vom Stein verschüttet worden«, sagte Krock.

Raftin und er begannen wieder, Steinbrocken zur Seite zu werfen, um die Höhle freizuräumen. Rokal und Faskon halfen mit.

»Laßt mich mal«, sagte der Riese und begann zu arbeiten, als ginge es um sein eigenes Leben. Seine großen Hände rissen die schwersten Brocken mühelos heraus. Krock und Rokal nahmen die Geweihhacken zum Graben. Raftin räumte die Steine hinter den Männern aus dem Weg.

Dann stieß Faskon, der sich in das Loch hineingearbeitet hatte, auf eine Höhlung zwischen den Steintrümmern. Und in ihr trafen seine Hände auf Kopf und Schultern eines Mannes.

»Ich habe ihn!« rief er nach hinten, » nur Beine und Bauch liegen noch unter dem Schutt. Er rührt sich nicht. Aber ich spüre seinen Atem an meiner Hand. Er lebt! Ich versuche, ihn herauszuziehen.«

Draußen vor dem Loch beobachtete Rokal die Wand.

»Hoffentlich stürzt der Stein nicht nach«, murmelte er besorgt, »sonst wird Faskon auch noch verschüttet.« Er hielt sich bereit, seinen Freund beim geringsten Anzeichen von Gefahr zurückzureißen.

Faskon griff fest unter die Achseln von Mepar, zog erst vorsichtig, dann stärker, bis er spürte, daß der Schutt den Körper freigab. Und dann zerrte er ihn rückwärts kriechend aus dem engen Loch heraus. Mit Krock zusammen trug er Mepar zum Feuer. Dort legten sie ihn vorsichtig auf den Boden. Er atmete flach, aber gleichmäßig. Das Kreidegestein hatte ihm die Beine aufgeschürft, aber keine tiefen Wunden zugefügt. Krock wischte mit einem nassen Fellstück Blut von Mepars Stirn.

»Ein Stein hat seinen Kopf getroffen und ihm die Besinnung genommen. Aber die Wunde ist nicht tief. Ich glaube, er wird bald erwachen«, sagte Krock zuversichtlich.

Es dauerte nicht lange, dann schlug Mepar die Augen wirklich auf. Und das erste, was er sah, war Faskon – ein Riese!

»Ein Fremder!« flüsterte er erschrocken. Raftin legte ihm den Kopf zurück und sagte beruhigend: »Keine Furcht, Mepar. Dieser Riese und noch ein Jäger kamen in Frieden und halfen, dich zu retten. Du lagst in deinem Loch bis zum Bauch unter dem Stein.«

»Gebt mir einen Schluck Wasser«, bat Mepar, »und laßt mir etwas Zeit, dann komme ich wieder zu Kräften.«

Während er sich erholte, briet Raftin die Fische am Feuer, und Krock ging zum Fluß, um Enten zu jagen, die es hier reichlich gab.

»Komm, Faskon, ich will sehen, wie der Feuerstein aus der Wand zu holen ist«, sagte Rokal und nahm Raftins Geweihhacke vom Boden auf. Aber wir werden nicht in die Löcher gehen.«

Seine Hacke drang leicht in das weiche Kreidegestein ein. Und bald hatte er die erste Feuersteinknolle, dann die zweite und dritte herausgelöst. Sie waren von verschiedener Form, flachgedrückt und mit weißer Kruste überzogen.

»Und wie wollen wir uns mit den Fremden einigen?« fragte Faskon leise.

»Laß mich mit Mepar sprechen. Er wird uns Fragen stellen. Und ich werde die Antworten finden.«

Jetzt saßen Mepar, Raftin, Krock, Faskon und Rokal am Feuer und stillten ihren ersten Hunger mit Fischen. Dann brieten sie die Enten, die Krock gejagt hatte, an Stöcken über der Glut. Mepar hatte sich soweit erholt, daß er aufrecht sitzen konnte.

»Warum seid ihr hierher gekommen?« fragte er und sah auf den Riesen.

Aber *Rokal* antwortete ihm: »Aus demselben Grund wie ihr, um den Feuerstein zu holen. Wir kennen diesen Platz seit langem, nahmen aber immer nur den Stein vor der Wand.«

»Auch ihr wollt den Stein«, sagte Mepar nachdenklich, »nun, hier gibt es genug davon, genug für viele. Wir brauchen uns nicht um ihn zu streiten. Woher kommt ihr? Es muß von weit her sein, denn wir haben die Gegend um das Steinlager gut erkundet und niemals Fremde gesehen.«

»Wir kommen von einer Jägersiedlung, die in Richtung zum Sonnenaufgang am großen Fluß liegt. Dort gibt es den guten Feuerstein nicht. Dafür haben wir viel Wild und Fisch.

Aber du hast recht, Mepar, es ist genug Stein hier. Darum mache ich euch einen Vorschlag: Ihr schlagt uns Kernsteine aus den Feuersteinknollen für unsere Werkzeuge. Wir holen sie, brauchen uns hier nicht lange aufzuhalten und schleppen weniger nutzlose Last. Dafür bringen wir euch ebenso Kostbares mit: Steinsalz!«

»Steinsalz?« Mepar sah Rokal überrascht an, »das ist wirklich kostbar und davon haben wir zu wenig. Hast du vielleicht eine Probe bei dir?« fragte er.

Rokal knöpfte seinen zweiten kleinen Fellbeutel vom Gürtel und gab ihn zu Mepar hinüber. Der öffnete ihn, schüttete Salzkörner in seine hohle Hand, sah sie sich an und schmeckte.

»Das Salz ist rein und ohne viel taubes Gestein, das zwischen den Zähnen knirscht«, sagte er anerkennend.

Nach ihm schmeckten Raftin und Krock.

»Stein gegen Salz«, sagte Mepar, »wir sind mit deinem Vorschlag einverstanden. Aber erst muß ich mich mit Humon besprechen. *Er* entscheidet die wichtigen Dinge in unserer Siedlung.«

»Ein Jäger führt euch?« fragte Faskon neugierig. »bei uns ist es eine kluge Frau!«

»Keiner übertrifft Humon an Klugheit, darum wählten wir ihn zu unserem Anführer«, gab Mepar zur Antwort.

»Dann schicke jemanden zu Humon, um ihn zu fragen«, schlug Rokal vor. »Wenn er erzählt, daß wir in Frieden zu euch kamen und bei deiner Rettung halfen, Mepar, wird Humon die richtige Entscheidung treffen. Und die ist der friedliche Tausch. Die ersten Steine graben wir selber. Aber nur mit flachen Suchlöchern, denn die Wand könnte wieder einstürzen. Auch der Stein vor der Wand ist zu gebrauchen. Er ist nicht weniger wert, nur weil ihn der Regen aus der Wand wusch.«

Mepar schickte Raftin in das Lager zurück. Raftin machte sich gleich auf den Weg, um Humons Entscheidung möglichst schnell einzuholen. Am liebsten wäre Mepar selber gegangen. Aber seine Schürfwunden an den Beinen schmerzten ihn. Er versorgte jetzt das Feuer. Faskon und Krock nahmen die Rengeweihhacken und lösten wieder Steinknollen aus der Kreidewand.

Am späten Abend des darauffolgenden Tages kam Raftin schon zurück und berichtete: »Humon ist mit dem Tausch Stein gegen Salz einverstanden.«

Warmes Spätherbstlicht lag über der Siedlung am großen Fluß. Die Menschen hinter dem Schutzwall waren satt und zufrieden. Elgor und Monkan, die beiden erfahrensten und ältesten Jäger, saßen vor ihrem Stangenzelt und genossen die Ruhe. Auf dem Platz in der Mitte der Siedlung, den die Zelte freiließen, übten Kinder mit Stöcken den Speerwurf.

»Es ist schon fünf Sommer her, daß wir vor den Mammutbergen einen braunroten Riesen erlegten, Elgor, erinnerst du dich noch?« begann Monkan.

»Ich weiß es noch gut, Monkan. Aber die anderen kennen diese Jagd nur aus Geschichten an den Feuern. Damals waren sie noch zu jung für die große Jagd. Obwohl wir jeden Spätherbst auszogen, haben wir seither keine Mammutherde mehr zu Gesicht bekommen. Wo mögen sie geblieben sein?«

»Wir sollten wieder kundschaften gehen. Vielleicht kommen sie diesmal aus den Schneebergen, um in der Ebene am kalten See zu fressen. Was bisher war, muß nicht immer so sein«, meinte Monkan.

»Ich bin dabei, Monkan. Und Mura wird uns gern gehen lassen. Sie spricht oft davon, wie nötig wir das Fett der Mammute brauchen. Der Mond ist wieder rund. Rokal und Faskon müssen bald zurückkommen. Sie könnten mit uns gehen...«

»Dann fühlen sich die anderen zurückgesetzt, und es gäbe Mißgunst, Elgor. Den Kundschafterweg sollten wir, wie immer, allein machen.«

Elgor und Monkan brachen schon am folgenden Tag auf. Mura wünschte ihnen guten Erfolg. Zuerst mußten die Jäger den großen Fluß durchqueren. Am Morgen lagen die Herbstnebel auf den Hängen des Flußtales, und die feuchten Gräser und Sträucher durchnäßten ihre Kleidung. Dann kamen sie auf die Hochebene, die sich auch auf der östlichen Seite des Flusses ausbreitete. Die Sonne stieg auf und stach ihre Strahlen in die Bodennebel.

»Da! Sieh dir das an, Elgor!« flüsterte plötzlich Monkan.

Eine kleine Rentierherde kreuzte ihren Weg auf dem Zug nach Süden. Aber nur Geweih und Köpfe hoben sich über den Dunst. Alles andere deckte der Nebel.

»Wollen wir ihnen folgen?« fragte Elgor. »Der Nebel erleichtert uns das Anschleichen.«

Monkan schüttelte den Kopf. »Laß uns schnell zum kalten See laufen. Auch dort gibt es Rentiere in den Flechtenfeldern. Wir wollen nach den braunroten Riesen Ausschau halten.«

Am nächsten Tag um die Mittagszeit ragten vor ihnen im Osten blaue Berge aus dem Dunst, und in ihren Tälern glitzerte es weiß. Das Gletschereis hatte sich immer weiter zurückgezogen und die steinige Ebene unter sich freigegeben. Aus seinen Eistoren strömten die Schmelzwasser und vereinigten sich zu flachen Seen. Hier, vor den Gletscherbergen, auf karg bewachsenem Boden, suchten die Mammutherden ihr Futter. Die Blätter und Äste von Zwergbirken und Zwergweiden, hartes Gras und Sträucher zerkauten sie mühelos zwischen ihren geriffelten Zahnblöcken. Wenn es nicht genug Nahrung gab, mußten sie von den Fettpolstern auf Stirn und Schultern zehren, die sie sich in der guten Zeit angemästet hatten. Gegen Schneesturm und Kälte waren die Mammute mit langen Grannenhaaren, warmer Unterwolle und einer sehr dicken Haut geschützt. Ihre Grannenhaare hingen braunrot und zottig von den mächtigen Rücken und Köpfen herunter, lang wie das Bein eines Menschen.

Die beiden Jäger erreichten das Vorland der Berge.

»Du hast die schärferen Augen. Siehst du schon die großen Steinblöcke am Flachsee?« fragte Monkan.

»Ich sehe sie. Der Weg ist nicht mehr weit«, antwortete Elgor.

»Wir durchqueren das Feld der Steine und lagern auf unserem alten Aussichtspunkt am Ende der trockenen Schlucht«, meinte Monkan.

Das Feld der Steine bedeckte eine große Fläche zwischen zwei Seen. Im Windschutz der Felsen wuchsen zähe Kräuter und Sträucher wie Wermut, Kamille, Schafgarbe und Wacholderbüsche.

»Gern bin ich nicht im Steinfeld«, sagte Elgor unbehaglich, als ahnte er etwas.

Ein scharfes Knirschen, als ob Fels auf Fels rieb, schreckte sie auf.

»Hast du das gehört, Monkan?« flüsterte Elgor erschrokken. »Wenn hier ein Berglöwe jagt, sieht es böse für uns aus!«

Die beiden Jäger hielten ihre Speerschleudern wurfbereit und drückten sich mit den Rücken gegen einen Felsblock. Eine Zeitlang blieb es ruhig. Elgor und Monkan schlichen jetzt Rücken an Rücken von Stein zu Stein.

»Sieh auch nach oben auf die Felsen«, flüsterte Monkan, »manchmal lauern sie dort.« Und dann sah er das Zeichen! Jetzt knirschte es so laut, daß sich den Jägern die Nackenhaare aufstellten.

»Auf den Felsen, schnell!« zischte Monkan und zeigte auf den großen Kothaufen. Ihre Nägel krallten sich in die flechtenbewachsene Oberfläche des Steinblockes. Elgor rutschte ab und wurde von Monkan hochgezogen.

Als sie mit klopfenden Herzen flach ausgestreckt oben auf dem Fels lagen, tauchte der doppelt gehörnte Kopf einer Nashornkuh hinter einem Steinblock auf. Sie rieb ihre Hörner knirschend am Fels entlang.

»Wir sind über ihrer Witterung«, flüsterte Elgor.

Mißtrauisch hob das wollhaarige Nashorn seinen tiefhängenden Kopf, als hätte es Elgor gehört. Aber es wetzte seine Hörner nur ein paarmal an ihrem Fels und trottete dann weiter auf den großen Flachsee zu.

»Dieses Zweihorn ist ein gefährlicher Gegner. Gut, daß es weitergezogen ist«, sagte Elgor erleichtert. »Wenn man es nicht mit dem ersten Speer tödlich trifft, wird es rasend vor Wut und überrennt den Jäger.«

»Du hast recht, Elgor. Trotzdem hat diese Begegnung etwas Gutes für uns: Wo man auf das Zweihorn trifft, sind die braunroten Riesen meistens nicht weit. Beide lieben die

*Monkan und Elgor retten sich*

Ebenen vor den Bergen, deren Pflanzen sie selbst unter dem Schnee zu finden vermögen.«

Als die Sonne sank, stiegen Monkan und Elgor von Nordwesten her auf den Aussichtssporn hinauf. Dort hatten die Jäger einen kniehohen Steinkreis aufgeschichtet, der sie vor Sicht und Wind schützte. Von hier aus übersahen sie die Landschaft ringsum, die Berge, die Steinfelder, die Ebenen und den großen Flachsee. Am Aussichtssporn mündete eine Schlucht, die, von Osten kommend, auf den See zuführte. Sie zog sich in einem leichten Bogen von Nordosten nach Südwesten, verengte sich vor dem Sporn, machte einen Knick und öffnete sich danach wie ein Trichter zum See hin. Früher hatten reißende Schmelzwasser sie tiefer und tiefer eingegraben, jetzt war sie eine trockene Rinne.

Immer wieder spähten Monkan und Elgor zu den Berghängen hinüber. Und ihre Ausdauer wurde belohnt.

»Ich sehe dunkle Punkte, die sich langsam bewegen, Monkan«, berichtete Elgor, der scharfe Augen hatte. »Für Rentiere sind sie zu groß. Das könnten die braunroten Riesen sein.«

Und eine Weile später sagte Monkan: »Jetzt sehe ich sie auch. Sie ziehen auf den See zu. Die erste Herde seit fünf Sommern! Wir haben diesmal Glück, Elgor.«

Noch vor Einbruch der Dämmerung war die Herde so nahe gekommen, daß die beiden Jäger einzelne Tiere gut unterscheiden konnten. Da löste sich ein mächtiges Tier aus der Menge der Leiber und lief gemächlich auf die Schlucht zu.

»Wenn es seinen Weg so fortsetzt, muß es nahe an uns vorbeikommen«, meinte Elgor.

Dann legten sie sich ganz dicht am Steilabfall des Sporns auf den Bauch, so daß sie die Schlucht bis zum Engpaß am Knick überschauen konnten und warteten.

Der alte Mammutbulle war das gewaltigste Tier unter den Riesen. Sein haariger Rüssel hing bis auf den Boden. Von der Schädelkuppe bis zu seiner Schwanzquaste fiel der Rücken schräg ab. Die Stoßzähne wuchsen unter der Oberlippe hervor und waren so dick wie der Körper eines Menschen. Weiß und glänzend ragten sie im Schwung nach unten, krümmten sich dann nach oben und schlossen sich fast zum Kreis. Wohl drei Menschenlängen maßen sie von der Wurzel bis zur eingebogenen Spitze. Das waren mächtige Werkzeuge und Waffen. Mit ihnen konnte das Mammut den hartgefrorenen Schnee aufbrechen und wegschieben, um an die schmackhaften Pflanzen darunter zu gelangen.

Der alte Mammutbulle hatte keine Feinde unter den Tieren. Ein Berglöwe wagte sich nur an kranke oder junge Tiere. Und auch das geschah selten, denn die Mammutkühe schützten wachsam und mutig ihre Jungen. Dennoch wurden die Herden im Verlauf langer Zeiten immer seltener. So wie sich das Eis zurückzog, so zogen sich auch die Mammute in die nordöstlichen Kältesteppen zurück.

»Er kommt!« flüsterte Elgor.

Der riesenhafte Bulle schob sich durch die Enge, blieb eine Weile stehen, um sich an der Steinwand die Seite zu scheuern, und trottete weiter. Die Jäger hielten den Atem an, als der mächtige Rücken nahe unter ihnen vorbeiglitt. Und erst, als sich das Mammut zwei Speerwurfweiten in Richtung zum See entfernt hatte, wagten sie wieder zu sprechen.

»Ein alter Bulle! Ein Einzelgänger! Solch einen Riesen sah ich noch nie«, sagte Elgor ehrfürchtig. »Hast du seine gewaltigen Stoßzähne gesehen, Monkan?«

Monkan nickte und antwortete nachdenklich: »Die alten Bullen gehen gerne ihren eigenen Weg. Wenn wir nur wüßten, ob er immer durch die Schlucht zum Wasser geht! Dann könnten wir mit allen Jägern wiederkommen, ihm in der Enge auflauern und angreifen.«

Drei Tage blieben sie noch auf dem Sporn und beobachteten den Zug der Mammutherde. Und an jedem Tag nahm der alte Bulle den gleichen Weg durch die Schlucht zum Flachsee, den Weg vom Futter zum Wasser...

Nück pflückte mit seiner Schwester Gingi Beeren auf der nahen Hochebene.

Er knurrte unzufrieden: »Man kommt kaum zur Jagd. Immer muß ich mit zum Sammeln, dabei weiß ich, wo eine Rentierherde zieht.«

»Erst kommt das Sammeln, dann das Jagen. Sei doch zufrieden, es ist schön hier zwischen dem Wollgras und den Wacholderbüschen«, meinte Gingi.

»Beeren, Blätter, Blüten... was ist das schon gegen eine Rentierjagd. Da mußt du schleichen, beobachten, rennen, zielen und treffen und nicht rumhocken und pflücken. Sieh mal hier, meine neue Speerschleuder. Rokal und Umin haben mir dabei geholfen. Ich kann damit den kleinsten Lemming treffen...« Nück redete sich in Begeisterung.

Gingi kannte ihren Bruder, ließ ihn reden, pflückte fleißig weiter Beeren und schaute sich ab und zu um.

Und es war Gingi, die die beiden Jäger zuerst sah.

»Wenn du dich zwischen deinem Reden mal umschauen würdest, Nück, könntest du sie sehen.«

»Wen? Was? Wo?« Nück bremste seinen Redefluß und reckte den Hals. »Ich sehe nichts«, klagte er. »Du hast doch nicht etwa schärfere Augen als ich, Gingi?«

»Rokal und Faskon sind gerade in der Senke«, sagte das Mädchen gelassen und zeigte mit dem ausgestreckten Arm nach Nordwesten. Als die Köpfe von Rokal und Faskon wieder auftauchten, griff Nück seine Speerschleuder und rannte ihnen entgegen.

»Ich sah euch schon von weitem«, schwindelte er. »Aber ich soll Beeren sammeln. Ihr tragt schwer. Laßt mich helfen!«

Rokal und Faskon blickten sich an, wobei der kleinere ein Auge zukniff. Er nahm sein Tragegestell vom Rücken, von dem sich jeder eins vor ihrem Rückweg aus Erlenästen und Fell zusammengebaut hatte. Es war mit Feuerstein vollgepackt.

»Laß mich allein tragen, Rokal«, bat Nück.

Rokal sagte nichts dazu und hob das schwere Gestell auf Nücks schmalen Rücken. Der machte ein paar unsichere Schritte und dann gaben seine Knie nach. Rokal zog den jungen Jäger auf die Beine und sagte:

»Wir tragen gemeinsam, Nück. Dann trägt jeder nur die Hälfte. Es ist auch für mich eine schwere Last.«

Nück mochte Rokal, weil er immer freundlich war, ihn nie verspottete und wie einen Jäger behandelte. Und Rokal erinnerte sich noch gut an die Zeit, als es ihm so ging wie Nück. Damals hatten ihn erfahrene Jäger die Ausdauer gelehrt, auch wenn seine Muskeln schmerzten und die Fußsohlen vom Laufen brannten. Faskon, der Riese, konnte es sich nicht verkneifen und sagte:

»Du kannst auch bei mir zufassen, Nück.« Er trug mehr als die doppelte Menge. Nück gab sich große Mühe, mit Rokal Schritt zu halten und schwieg, bis sie die Siedlung erreicht hatten.

Gingi schloß sich an und schmiegte sich eng an Faskon.

»Hast du mir etwas mitgebracht, Faskon? Ich habe dir in der Zwischenzeit einen neuen Werkzeugbeutel zusammengenäht«, schmeichelte sie.

»Du plagst mich jedes Mal, Gingi«, sagte Faskon lachend, »aber diesmal hast du Glück. Ich habe dir schöne Muschelschalen aus dem Schlangenfluß mitgebracht.

Linga, die diese Rückkehr beobachtete, sagte spöttisch zu Kerk, der im Zelt lag: »Sieh dir das an! Jetzt läßt sich dieser Rokal schon von einem Jungen tragen helfen. Er hat wohl keine Kraft in den Knochen.«

Kerks Antwort war nur ein undeutliches Gemurmel.

Die größte Freude zeigte Umin. Schon während Rokal und Faskon ihre Erlebnisse erzählten und dabei hungrig Fleisch verschlangen, wählte er sorgfältig einen Kernstein aus und fing an, Klingen zu schlagen. Und immer, wenn sein Schlagstein auf den Kern traf, fuhr ein scharfkantiger Abschlag mit einem hellen Klang in den Kiesboden.

Als Rokal dann satt und zufrieden zum Fluß hinunter ging, um sich Schweiß und Staub abzuwaschen, folgte ihm Arik, setzte sich auf einen runden Felshöcker und sah schweigend zu. Rokal erfrischte sich am Wasser. Dann hockte er sich ihr gegenüber und blickte in graugrüne Augen, die ihn neugierig und aufmerksam musterten.

*Umin schlägt Feuersteinklingen*

»Erzähl, was ihr erlebt habt, Rokal. Ich möchte es gerne von dir hören«, bat sie.

Rokal berichtete vom langen Weg zum Schlangenfluß, von den Fremden, dem Unglück am Kreidekliff, der Rettung und dem friedlichen Tausch. Und Arik hörte ihm gespannt und aufmerksam zu.

Er schwieg eine Weile und sagte nachdenklich:

»Erinnerst du dich noch an das, was ich dir und Umin über einen Wolf erzählte?« Arik nickte, und er fuhr fort: »Wir haben ihn wiedergetroffen, als wir gerade unser Nachtlager aufschlagen wollten. Ich glaube, diesmal trieb er uns ein Rentier in den Weg, denn es rannte wie gehetzt auf uns zu. Den Wolf, der ihm dichtauf folgte, sahen wir nur einen kurzen Augenblick, dann war er wieder verschwunden. Wir erlegten das Rentier ohne Mühe. Der Wolf bekam einen Anteil von der Beute, und wir legten ihm Fleisch eine Speerwurfweite von unserem Lagerfeuer entfernt hin. Aber erst, als die Dämmerung hereingebrochen war, nahm er es an. Faskon und ich hatten uns so gesetzt, daß wir ihn beobachten konnten, ohne die Köpfe zu drehen. Der Wolf fraß, äugte hin und wieder zu uns herüber und war wohl jederzeit zur Flucht bereit. Aber er muß darauf vertraut haben, daß wir ihn nicht speeren.«

»Das ist wirklich seltsam«, sagte Arik, »und du glaubst, er hat euch das Rentier mit Absicht entgegengetrieben?«

»Ich kann es mir nicht anders erklären. Das Rentier muß uns gewittert haben, denn es lief von vorn in unseren Wind hinein. Und kein Ren geht dem Jäger entgegen, wenn nicht eine größere Gefahr es dazu zwingt.«

»Von einem Wolf, der sich so verhält, habe ich noch nie

gehört, nicht einmal in den Geschichten, die die Jäger am Feuer erzählen«, sagte Arik.

»Ich bin sicher, er wird Faskon und mir weiter folgen. Und wir werden ihm wieder seinen Fleischanteil geben, wenn die Beute reichlich ist. Vielleicht gewöhnt sich der Wolf an uns und treibt das Wild zu. Aber in der Nähe unserer Siedlung habe ich ihn noch nicht gesehen. Vielleicht hat Schirr, der Wächter, ihn beobachtet. Ich will ihn danach fragen.«

Arik richtete sich plötzlich auf und faßte nach seiner Hand.

»Sieh auf die andere Flußseite, Rokal. Elgor und Monkan kommen zurück.«

»Sie waren auf der Jagd?« fragte Rokal und rührte seine Hand unter der ihren nicht, sondern drehte nur den Kopf zum Fluß hin.

»Die beiden ziehen jeden Spätherbst auf Kundschaft, in der Hoffnung, wieder mal eine Herde der braunroten Riesen zu entdecken. Es gelang ihnen zuletzt vor fünf Sommern. Komm! Wir wollen Elgor und Monkan bis zur Furt entgegengehen«, sagte Arik und zog Rokal hoch. Dabei verzog er schmerzhaft das Gesicht.

»Was hast du?« fragte Arik verwundert.

»Faskon hat einen Rücken so hart wie Fels, aber meiner ist jetzt zerschunden und weich wie Schneckenfleisch. Der Feuerstein war schwer.«

»Ich werde dir einen lindernden Kräuterbrei aufstreichen«, versprach Arik.

Als sie an der Furt auf die beiden Jäger trafen, erfuhren sie als erste die große Neuigkeit von dem riesigen Mammutbullen, der immer seinen eigenen Weg ging.

Im Zelt von Linga und Kerk zischelte es wie in einem Nest

giftiger Schlangen. Lingas leise, scharfe Stimme stach durch den Rauch des Herdfeuers.

»Eine Schmach hat er dir angetan, Kerk. Dein Speer wurde zerbrochen, und alle haben es gesehen. Aber Faskons Ruhm wächst weiter. Was tust du dagegen? Nichts! Dabei führst du von allen Jägern den Speer am besten! Warum zahlst du es Faskon nicht heim? Gelegentheit gäbe es genug. Aber Lagun hat recht, wenn er sagt, alles läßt du dir gefallen und regst dich nicht.«

»Reize mich nicht, Linga. Ich bin dein Gerede leid. Andere Frauen mischen sich nicht in den Streit der Jäger.«

»Andere Frauen wechseln den Jäger, wenn er sich beleidigen läßt, ohne sich zu wehren. Daran solltest du denken, Kerk«, sagte Linga.

Kerk riß seine Speerschleuder an sich und verließ wortlos das Zelt. In der Lagermitte hörte er in der Dämmerung lautes Gemurmel und kam gerade rechtzeitig, um die Nachricht von der Entdeckung der Mammutherde zu hören.

Die Dunkelheit brach herein, und alle Jäger versammelten sich um das Feuer vor Muras Zelt. Es ging um die große Jagd. Monkan nahm das Wort:

»Elgor und ich haben die Herde entdeckt und ausgekundschaftet. Aber wir wissen nicht, wie lange die braunroten Riesen dort bleiben werden. Morgen schon könnten sie sich in die Berge zurückziehen. Eile ist nötig.«

»Wer geht mit, und wann wollt ihr aufbrechen, Monkan?« fragte Mura.

»Auf diese Jagd müssen alle Jäger mit. Der alte Mammutbulle ist das größte Tier, das ich jemals sah. Es wird keine leichte Jagd«, antwortete Monkan.

»Ich will auch dabeisein!« rief Nück mit seiner hellen Stimme aus dem Hintergrund.

»Wenn du einen braunroten Riesen nur von weitem siehst, wirst du schon davonlaufen?« spottete Lagun.

»Wer ein guter Jäger werden will, muß jung zu lernen beginnen«, sagte Rokal ruhig, »darum sollten wir Nück mitnehmen.«

»Was soll das für eine Jagd werden«, rief Lagun ärgerlich, »wir jagen schließlich das größte und gefährlichste Wild.«

»Von uns allen kennen nur Monkan und Elgor die große Jagd, Lagun«, mischte sich jetzt Faskon ein, »oder hast du schon ein Mammut erlegt?«

»Ihr müßt ja wissen, was ihr tut.« Lagun zuckte mit den Achseln. »Aber haltet mir den Jungen vom Leib«, sagte er noch.

Und Nück war so klug, seinen Mund zu halten.

»Gut, Nück geht mit«, entschied Mura und wandte sich an ihn: »Aber ich rate dir, den Weisungen der Jäger aufs Wort zu folgen.«

Nück, der sonst so vorschnell mit der Zunge war, konnte vor Freude nur zur Antwort nicken.

»Den morgigen Tag brauchen wir noch, um die Jagdwaffen herzurichten«, sagte Monkan. »Mein Vorschlag ist, daß wir die Nacht für den Weg nehmen. Dann können wir mit dem ersten Frühlicht bei dem Feld der großen Steine sein. So kommen wir unbemerkt an und haben bis zum Abend, wenn die Riesen das Wasser aufsuchen, Zeit genug, unseren Plan zu machen.«

Damit war alles entschieden.

Am nächsten Morgen breitete Umin an seinem Arbeitsplatz Speerspitzen aus. In der vergangenen Zeit hatte er sie aus dem großen Hirschgeweih gefertigt, das Rokal und Faskon ihm mitgebracht hatten. Es waren überhandlange, scharfe Spitzen, die aus zwei zusammengeklebten Hälften bestanden. Sie sollten, in einen besonders langen Schaft eingefügt, die dicke Haut der Mammute durchstoßen und tief eindringen. Auf ihren Oberflächen hatte er Tierköpfe und Zeichen eingeritzt, die ihren Jagderfolg verstärken sollten. Umin hatte sich viel Mühe mit ihnen gegeben.

Rokal stand bei Umin und bewunderte die gelungenen Arbeiten. Er wog eine Spitze in der Hand. Seine Finger strichen über die glatten, seidigen Längen.

»Es sind die längsten und schärfsten, die ich bisher sah«, sagte er, »davon hätte ich gern eine, Umin.«

Umin ging in sein Zelt und kam gleich darauf wieder zum Vorschein: »Diese habe ich für dich gemacht, Rokal. Geschäftet, ausgewogen und fertig zum Wurf. Es fehlt nur noch der Arm, der sie auf das Jagdwild lenkt. Er ist nicht so schwer wie Faskons Speer, aber gerade richtig für dich. Auf der einen Seite siehst du einen Bärenkopf, auf der anderen habe ich ein Mammut eingeritzt. Dies ist mein Dank an dich.«

Auch die anderen Jäger kamen zu Umin, um sich mit neuen Speerspitzen zu versorgen und die Festigkeit der Bindungen zu prüfen.

Schirr, der Wächter, saß bei Mura. Vor ihm lagen einige Schieferplatten, und er hielt den Feuersteinstichel in der Hand. Mit sicheren Strichen ritzte er die Schädelkuppe, den steil abfallenden Rücken, die Säulenbeine, die Stoßzähne, die Grannenhaare und zuletzt das kleine Auge eines Mammuts ein.

Mura runzelte besorgt die Stirn und sagte leise: »Ich habe Ahnungen und kann sie nicht fassen. Bei dieser Jagd ist mir nicht wohl. Darum werde ich einen wirksamen Jagdzauber versuchen.«

»Vielleicht schlägt das Wetter um, Mura. Auch mir beißt heute der Schmerz besonders in den Knochen«, beruhigte Schirr sie. Seine Hände ließen den Stichel weiter über die Fläche fahren, setzten Strich neben Strich, bis eine ganze Mammutherde über die Schieferplatte zog.

Als die Dunkelheit heraufkam, brachen die Jäger auf.

»Sei vorsichtig, Rokal. Ich werde an dich denken«, sagte Arik so leise, daß nur er es hören konnte.

»Viel Jagdglück, großer Jäger!« rief Gingi ihrem Bruder hinterher. Aber Nück war so aufgeregt, daß er nicht auf den Spott achtete.

Linga zog Kerk beiseite und flüsterte: »Vergiß nicht, was ich dir über Faskon gesagt habe.«

Monkan und Elgor, Gomrod und Brug, Kerk und Lagun, Rokal, Faskon und Nück verschwanden in der Dunkelheit.

Nachdem die Jäger die seichte Flußfurt überquert hatten, kletterten sie den gegenüberliegenden Hang hinauf und setzten ihren Weg auf der Hochebene fort. Monkan, an der Spitze der Reihe, schritt tüchtig aus. Mit seinem besonderen Sinn für Richtungen fand er den Weg nach Osten auch in der Finsternis. Weder der Mond noch die Sterne, die hinter einer dichten Wolkendecke verborgen waren, konnten ihnen Licht geben. Um sich nicht zu verlieren, liefen sie dicht hintereinander. Nück folgte Rokal, und Faskon, der Riese, war der letzte. Dort, wo der Boden nicht steinig oder zu dicht mit Büschen bewachsen war, wechselten sie streckenweise in einen ruhigen, gleichmäßigen Trab.

Und dann wurde die Stille der Nacht durch schrilles Geheul und dumpfe Knurrlaute zerrissen.

»Was ist das?« rief Nück erschrocken und blieb so plötzlich stehen, daß Faskon ihn umrannte.

»Hyänen, Nück! Sie haben Beute gerissen und streiten sich jetzt um die besten Bissen«, sagte der Riese leise, stellte den Jungen mühelos auf die Beine und schob ihn voran.

In der Mitte der Nacht legten die Jäger eine kurze Rast ein und stärkten sich mit getrockneten Fleischstreifen. In einer Felsmulde, die der Regen gefüllt hatte, fanden sie Wasser, um ihren Durst zu stillen.

»Trinke langsam und in kleinen Schlucken, sonst fällt dir nachher das Laufen schwer, Nück«, riet Rokal.

Und Nück hielt sich an diesen Rat. Bevor das erste Licht im Osten über die Berge kam, erreichten sie den Rand des Steinfeldes.

»Du hast dich sehr gut gehalten bei diesem Lauf, Nück«, sagte Rokal, »meinst du nicht auch, Faskon?«

»Das ist wahr. Flinke Beine hat er. Wir wollen sehen, wie es mit dem anderen steht«, antwortete Faskon und legte dem jungen Jäger seine schwere Hand auf die Schulter.

Mit dem ersten Licht erreichten sie den Aussichtssporn.

»Noch bevor wir anderes tun«, begann Monkan, »müssen wir unseren Plan machen. Ihr seht die trockene Schlucht, in der der Bulle jeden Abend, wenn die Sonne sinkt, seinen Weg zum See nimmt. Und jetzt zeige ich euch den einzig möglichen Platz, wo wir den Riesen von beiden Seiten abfangen können.«

Alle mußten zugeben, daß Monkan, der Mammutjäger, die richtige Wahl getroffen hatte. Die Enge am Knick hatte nur eine Breite von fünf Speerlängen. Zu beiden Seiten fielen ihre Wände steil zum Schluchtgrund ab. An ihren Rändern gab es einen schmalen, flachen Streifen mit Wacholderbüschen. Kurz hinter der Enge lag ein Felsen am Grund, der übermannsgroß aufragte. Die Jäger standen auf dem westlichen Rand und sahen in die Schlucht hinab.

»Wenn das Mammut durch die Enge kommt, müssen unsere Speere von beiden Seiten treffen. Die Felsstufe gegenüber ist der Platz für den besten Speerwerfer. Dort wird Kerk stehen. Und hier«, Monkan machte ein paar Schritte nach Norden, »kann Lagun stehen.«

»Kerk und ich trennen uns nie bei der Jagd«, widersprach Lagun, »mein Platz ist an seiner Seite. Das bleibt auch diesmal so.

»Nun gut«, entschied Monkan, »dann wird sich Rokal hier aufstellen.« Er zeigte auf den Felsen am Grund: »Dort unten, aus der Deckung des Steins heraus, könnte jemand den Speer von vorn werfen. Aber es ist der gefährlichste Stand.«

Einen Augenblick lang blieb es still.

»Einer muß es tun«, sagte Faskon, »ich gehe hinter den Stein.«

Rokal trat dicht an den Steilrand und schaute mit gerunzelter Stirn nach unten. Ich werde Faskon nicht davon abbringen können, daß er den gefährlichsten Ort wählt, dachte er.

Zum Glück läßt der Stein zwischen sich und der Wand einen schmalen Gang offen, so daß ein Fluchtweg bleibt. Wir wissen nicht, ob es uns gelingt, den Bullen mit den ersten Würfen zu erlegen. Ich will noch mit Faskon darüber sprechen. Und laut sagte Rokal:

»Es ist noch mehr zu bedenken. Wir müssen das Mammut aufhalten, damit alle den Speer werfen können. Hinter der Enge sollten wir ihm den Weg zum See mit einem Feuerriegel versperren.«

Monkan und die anderen waren mit diesem Vorschlag einverstanden. Und Nück sollte mit Kienfackeln bereitstehen, um auf ein Zeichen hin den Feuerriegel an mehreren Stellen zu entzünden.

»Ihr müßt wissen, daß die braunroten Riesen nicht gut sehen, aber dafür um so besser riechen. Der Bulle darf das Feuer nicht riechen, bevor die ersten Speere getroffen haben, sonst wird er fliehen. Ich gebe das Zeichen für Nück«, beendete Monkan die Besprechung des Jagdplans.

Jetzt sehe ich die Gelegenheit, nach der ich lange gesucht habe, überlegte Lagun, ich muß nur Kerk dazu bringen, mir bei der Tat zu helfen. Ich will gleich mit ihm reden. Darum sagte er:

»Kerk und ich werden versuchen, für eine Mahlzeit zu sorgen. Bis die Sonne sinkt, ist noch Zeit genug.«

Niemand kümmerte sich um Nück. Und Nück langweilte sich.

Warum soll ich nicht auch auf Jagd gehen? Vielleicht habe ich Glück und kann am Seerand ein Rentier erwischen, dachte er und entfernte sich am Böschungsrand zum See hin.

Der Flachsee war sehr groß, wurde von den Bergen her mit

Schmelzwasser aufgefüllt und zeigte an seinem Rand nur kargen Bewuchs. Die grünweiße Rentierflechte wuchs auf weiten Flächen am felsigen Boden. Zwergweiden hoben ihre Zweigspitzen nur fingerhoch über den Grund und verbargen ihre Äste in der dünnen Humusdecke. Der Silberwurz schmückte mit weißen Blüten das gleichmäßige Grün.

Auf der Suche nach Wild streifte Nück den Uferrand entlang am Aussichtssporn vorbei. Auch hinter dem Sporn breitete sich das Steinfeld aus. Nück saß in der Hocke und beobachtete. Nichts rührte sich. Dann wurde er ungeduldig und lief auf die Felsen zu. In seinen Augen verschwammen sie zu mächtigen Mammuten, flinken Pferden und lauernden Berglöwen.

Dann regte sich einer der Felsen, und es war wirklich ein Tier: eine Antilope, die am Rande des Steinfeldes entlangzog. Nück blieb stehen und bewegte sich nicht. Ich muß mich anschleichen, sie darf mich nicht bemerken. Er ließ sich ganz langsam auf den Boden gleiten und kroch zwischen Flechten und Büschen, jede Deckung nutzend, auf die Steine zu. In ihrem Sichtschutz richtete er sich wieder auf, spähte nach der Antilope aus... aber sie war verschwunden.

Jetzt hörte er hinter sich ein Geräusch.

Was ist das? fragte sich Nück verwirrt. So schnell kann die Antilope keinen Bogen um mich geschlagen haben. Vielleicht ist hier eine ganze Herde? Er änderte seine Richtung, kam dem Geräusch näher und lauschte.

Das ist kein Tier. Hört sich an wie Menschenstimmen... Wer ist noch im Steinfeld? Die Gedanken wirbelten in seinem Kopf herum. Sind es Fremde? Oder unsere Jäger? Und als er noch näher kam, wehte ein Wort zu ihm herüber.

*Nück lauscht im Steinfeld*

»... Faskon!« sagte jemand.

Aber das war nicht Rokal, Rokals Stimme kannte er. Es war Lagun, der sprach. Nücks Neugier wurde wach. Unhörbar schob er sich immer weiter heran, bis er jedes Wort verstehen konnte.

»... Ich sage es dir noch einmal, Kerk, wir müssen diese Gelegenheit nutzen. Er steht unten hinter dem Stein. Am gefährlichsten Platz. Und es wird noch gefährlicher für ihn, wenn dein Speer das Mammut rasend macht. Ich weiß von den alten Jägern, daß die empfindlichste Stelle zwischen Ohr und Auge liegt. Genau da mußt du den Bullen treffen. Und ich weiß auch, du triffst dein Ziel.«

»Und was tust du dabei?« hörte Nück Kerks Stimme.

»Laß mich nur machen. Ich werde deine Schmach an Faskon vergelten.«

Erschrocken und verstört zog sich Nück zwischen den Steinen zurück. Faskon ist in Gefahr! Lagun und Kerk wollen ihm übel. Diese Worte waren nicht für meine Ohren bestimmt. Ich muß Rokal und Faskon warnen, dachte Nück und kroch, dicht an den Boden gedrückt, über die weite Fläche bis zum Seerand.

Dort richtete er sich auf und hetzte den Hang zum Sporn hinauf.

Rokal suchte trockenes Gesträuch für den Feuerriegel zusammen. Einen halben Speerwurf weit hinter der Enge warf er die Büschel in die Schlucht. Nück keuchte, als er ankam. Rokal sagte streng:

»Du hast dich, ohne ein Wort zu sagen, von uns entfernt. Wo warst du? Wir haben dich vermißt. Und ich mache hier deine Arbeit!«

»Faskon ist in Gefahr!« sprudelte Nück aufgeregt heraus, ohne auf die Fragen zu antworten, und berichtete, was er im Steinfeld erlauscht hatte.

Ohne zu unterbrechen, hörte Rokal ihm zu, dachte nach, legte seine Hand auf die Schulter des Jungen und sagte ernst:

»Nück! Du mußt schweigen! Das darf niemand erfahren. Sonst bringst auch du dich in große Gefahr. Und ich werde dafür sorgen, daß Faskon nicht in Gefahr kommt.«

»Ich werde schweigen!« versprach Nück.

»Hole mehr Buschwerk, wir brauchen doppelt so viel«, sagte Rokal, »wenn du genug zusammen hast, schichtest du es quer über den Grund zu einem Riegel auf.«

Und dann ging er, um Faskon zu suchen.

Monkan, Elgor, Gomrod und Brug hatten sich am Rande der Schlucht ausgestreckt. Sie sprachen von vergangenen Jagderlebnissen.

Die Sonne hatte schon die Hälfte ihres Nachmittagsbogens am Himmel hinter sich und tauchte die Ebene in weiches, warmes Licht. Faskon saß auf dem Aussichtssporn hinter dem Steinschutz, um Ausschau zu halten. Dort fand ihn Rokal.

»Noch sind die braunroten Riesen an den Berghängen nicht zu sehen, Rokal. Aber lange wird es nicht mehr dauern, und wir müssen unsere Plätze einnehmen. Was war mit Nück? Ich sah ihn zwischen See und Sporn rennen, als würde er von einem Zweihorn verfolgt«, fragte Faskon.

»Deshalb bin ich hier. Böses ist im Gange, und ich muß es verhüten.«

»Böses?« wiederholte Faskon ungläubig. »Das mußt du mir erklären.«

»Das kann ich nicht, du mußt mir vertrauen.« antwortete Rokal.

»Es wäre nicht das erste Mal. Was soll ich tun?« fragte Faskon.

»Höre meinen Rat«, begann Rokal. »Dein Platz bei der Jagd ist am Grunde der Schlucht hinter dem Stein. Versteck dich in dem schmalen Spalt zwischen Stein und Steilwand, damit dich das Mammut nicht entdeckt. Wenn du meinen Pfiff hörst, wird der braunrote Riese an dir vorbei sein, und du kannst ihm deinen Speer von hinten in die Seite werfen. Versprich mir, daß du dem Mammut nicht in den Weg trittst und den Schutz des Felsens keinen Augenblick lang verläßt.«

»Den Speer von hinten in die Seite? Nicht von vorn? Das gefällt mir nicht. Das ist nicht meine Art der Jagd, Rokal.«

»Dein Leben ist wichtiger als dein Mut. Du mußt meinen Rat befolgen! Aus Freundschaft zu mir, Faskon. Noch etwas: Wenn du keinen Pfiff hörst, dann bleibe zwischen Stein und Wand verborgen.«

Faskon besann sich einen Augenblick. »Ich werde tun, was du sagst!« antwortete er und dachte: Warum ist Rokal so besorgt um mich? Ist es der Mammutbulle allein, oder gibt es noch eine Gefahr?

Etwas später kam Elgor den Hang hinauf, schaute in Richtung der Berge, kniff die Augen zusammen und sagte: »Ich sehe die Herde der braunroten Riesen schon kommen. Gebt Monkan Bescheid, ich bleibe, bis ich sicher bin, daß der Bulle sich wieder von der Herde trennt und den Weg durch die Schlucht nimmt.«

Sobald Monkan die Nachricht erfuhr, wies er die Jäger an, auf ihre Plätze zu gehen. Lagun und Kerk, die in der

Zwischenzeit ohne Beute aus dem Feld der großen Steine zurückgekehrt waren, wechselten auf die östliche Seite der Schlucht und nahmen ihren Platz auf der Felsstufe ein. Gomrod und Brug folgten ihnen und stellten sich nebeneinander zwischen der Enge und dem Feuerriegel auf.

Nück entzündete einen Kienspan am Feuer. Dann löschte es Monkan sorgfältig und deckte die Asche mit Rentierflechte ab.

Bevor Nück in die Schlucht hinabstieg, flüsterte er Rokal zu: »Ich sag's nicht gern, Rokal. Aber ein bißchen Furcht habe ich doch.«

Rokal antwortete leise: »Der gute Jäger muß ein bißchen Furcht haben, Nück, sonst unterschätzt er die Gefahr und kann sein Leben verlieren. Ich glaube nicht, daß der rotbraune Riese das Feuer durchbricht. Trotzdem – sobald es gut brennt, kletterst du sofort die Böschung hinauf und bringst dich in Sicherheit.« Mit diesem Rat verließ er Nück und ging an Monkan vorbei auf seinen Platz, schräg gegenüber von Lagun und Kerk. Elgor kam angerannt und rief: »Er kommt! Er nimmt den Weg durch die Schlucht!« Und Elgor blieb neben Monkan auf der westlichen Seite, Gomrod und Brug gegenüber.

Rokal sah zu Lagun und Kerk hinüber und dachte: Was plant Lagun? Ich werde deine Schmach an Faskon vergelten, hat er zu Kerk gesagt. Kerk soll das Mammut reizen ... Will Lagun Faskon töten? Dann darf ich ihn nicht aus den Augen lassen. Wenn Faskon gegen meinen Rat doch seine Steindekkung verläßt und Lagun auf ihn zielt, muß mein Speer früher treffen.

Und auf der anderen Seite der Enge dachte Lagun: Noch ist

Faskon hinter dem Stein versteckt. Ich kann ihn nicht sehen. Wenn Kerk den Bullen angeschossen hat, muß er hervorkommen. Dann wird mein Speer Faskons Kehle treffen. Und niemand wird mir eine böse Absicht nachweisen können. Ein Fehlwurf..

Der Mammutbulle kam ohne einen Laut um die Biegung der Schlucht und schob sich auf die Enge zu. Rokal sah ihn zuerst und streckte die Hand empor.

Lagun stieß Kerk an und flüsterte ihm zu: »Halte dich bereit!«

Nück, fünf brennende Kienfackeln in der Hand, starrte zu Monkan hinauf: von ihm mußte das Zeichen kommen.

Monkan riß den Arm hoch. Und Nück stieß die Brände in den trockenen Busch. Die Flammen züngelten auf. Von Furcht gehetzt, kletterte Nück die Böschung hinauf.

Und dann war das Mammut in der Enge.

»Jetzt!« zischte Lagun zu Kerk hin, beugte sich weit vor und hob seine Speerschleuder...

Unten tauchte Faskons Kopf hinter dem Felsen auf...

Und Rokal spannte den Wurfarm...

Kerks Speer traf das Mammut zwischen Ohr und Auge.

Das Mammut schrie vor Schmerz und Wut, riß seinen Körper herum, warf den Rüssel hoch, peitschte Lagun von der Felsstufe herunter, brach ihm das Rückgrat, streifte den Speer an der Steinwand ab und tobte den Weg zurück, den es gekommen war.

Kein einziger Speer flog ihm nach.

Faskon rührte sich als erster. Er kam hinter dem Steinblock hervor, ging zu dem reglosen Körper und kniete sich hin.

Und dann sagte Faskon, so daß alle es hörten:
»Lagun ist tot!«

Der Tag zeigte sich grau. Die Wolken hingen tief. Es war kalt geworden und sah nach dem ersten Schnee aus.

Die Frauen in der Siedlung arbeiteten schwer. Sie mußten viele Wege zum Kiefernwald am Hang machen, um Bündel trockenen Holzes als Wintervorrat zusammenzutragen. Andere schabten Fleisch- und Fettreste von den Fellen, damit sie nicht faulig wurden. Sie machten die Häute mit Fett geschmeidig und nähten warme Kleidung für die kalte Zeit.

Schirr, dem Wächter, behagte das Wetter nicht, denn seine Beine schmerzten stark. Über die Schmerzen murrend, schleppte er dennoch große Schieferplatten vom Schuttstrom am Berghang heran. Sie wurden als Bodenbelag in die Zelte gelegt und verhinderten, daß sich eine zähe Schlammschicht bildete. Nicht einmal Gingi konnte Schirr aufheitern, als sie ihn darum bat, ihr einen Raben zu ritzen. Aber er wollte nicht.

Er wurde erst zugänglicher, als Arik zu ihm kam und von ihren Sorgen sprach.

»Die Jäger bleiben lange fort, Schirr. Der Weg zu den Mammutbergen ist nicht so weit. Sie sind bei Einbruch der Nacht aufgebrochen. Die Jagd sollte bei sinkender Sonne geschehen. Und jetzt sind schon drei Tag-Nacht-Wechsel vergangen.«

»Die große Jagd braucht ihre Zeit«, gab Schirr zu bedenken. »Wenn die Jäger einen der braunroten Riesen erlegt haben, dauert es länger, bis sie die Beute in Traglasten zerteilt haben. Du sorgst dich zu früh, Arik.«

Aber sie antwortete: »Gestern in der Nacht hatte Mura eine böse Ahnung. Und ich gebe viel darauf.«

»Wenn ich auf die Ahnungen achten würde, die mir der Schmerz in den Beinen zuflüstert, ginge es mir noch schlechter«, brummte Schirr. »Komm, Arik, wir wollen auf die andere Flußseite gehen und über die Ebene schauen. Sie müssen bald kommen, denke ich.«

Drei Mädchen und zwei Jungen, die die beiden begleiteten, spielten unterwegs Mammutjagd. Ein Mädchen hatte sich ein Fell umgehängt mit einem langen Streifen als Rüssel daran. Jauchzend wurde das kleine Mammut durch die Flußfurt getrieben. Dafür bespritzte es seine Verfolger mit Wasser, entkam ihnen auf der anderen Flußseite und kletterte wie ein Steinbock zur Ebene hinauf. Schirr dagegen bewegte sich langsam und vorsichtig.

Nicht lange, dann sahen sie auch schon dunkle Punkte in der Ferne.

»Sie kommen!« rief Arik.

»Wenn sie näher heran sind, werden wir sehen, ob sie eine glückliche Jagd hatten«, meinte Schirr.

Die Punkte auf der Ebene zogen sich auseinander und waren nun als Menschen zu erkennen. Arik zählte sie und sagte: »Sie gehen zu zweit und tragen eine Fleischlast zwischen sich. Es sind nur acht Männer! Einer muß bei der Jagdbeute zurückgeblieben sein.«

Schirr schüttelte zweifelnd den Kopf.

»Das glaube ich nicht. Die Jäger lassen nicht nur einen Mann bei der Beute. Es ist gefährlich, allein im Jagdgebiet der Hyänen, Wölfe und Berglöwen zu bleiben, um Fleisch zu bewachen.«

»Und was denkst du darüber, Schirr?«

»Es kann vieles geschehen sein«, sagte Schirr unbehaglich. »Wir müssen uns gedulden.«

Bald waren die Mammutjäger so nahe, daß Arik und Schirr die einzelnen Gesichter erkennen konnten.

»Ich sehe Rokal nicht!« Arik war besorgt.

»Aber ich sehe ihn! Er geht zusammen mit Nück am Schluß. Ich sehe auch, daß die Jagd auf die braunroten Riesen mißlungen sein muß, denn sie tragen vier Rentiere zwischen sich an ihren Speeren.« Und dann sagte Schirr leise: »Es ist Lagun, der fehlt.«

Rokal kommt zurück! dachte Arik erleichtert.

Alle liefen zusammen, um die Jäger zu begrüßen. Monkan berichtete über den Ausgang der Jagd. Als er schilderte, wie Lagun starb, unterbrach ihn Kerk.

»Ich bin schuld«, sagte er düster. »Es war mein Speer, der das Mammut rasend machte. Ich war ein guter Speerwerfer.« Und Linga schlug die Hände vor ihr Gesicht.

»Auch dem besten Speerwerfer kann ein Wurf fehlgehen, Kerk. Keiner wird dir die Schuld geben«, sagte Mura in die gespannte Stille hinein.

Rokal und Nück sahen sich an. Wir werden schweigen! bedeutete das.

Dann fuhr Monkan fort: »Wir haben Lagun am Rande der Mammutschlucht in eine Grube gelegt und viele Steine über ihn gedeckt. Seine Jagdwaffen gaben wir ihm mit. Niemand wird seine Ruhe stören. – Auf dem Rückweg war es Nück, der die Rentierherde sah. Und nach einer langen Verfolgung konnten wir doch noch mit Fleisch zurückkehren.«

Später, in ihrem Zelt, sagte Kerk: »Ich habe mir den Haß von Lagun und dir einreden lassen, Linga. Und die Folge war sein Tod. Wenn du mir weiter den Sinn vergiftest, verlasse ich dieses Zelt.«

Linga sagte leise: »Dein Unglück ist mir Strafe genug.«

Der Herbst war kurz, und der Winter kam schnell. Die harte Zeit brach an. Die Kälte biß und die Schneestürme fegten um die Zelte. Trotzdem ging die Jagd auf Eisfüchse, Schneehasen und Rentiere weiter. Aber nicht immer füllte die Beute alle Mägen. Es gab manchen hungrigen Tag.

Einen Sommer danach.

Nück und Gingi waren groß geworden. Nück fand sich in der Welt der Jagd gut zurecht, war überlegt und schnell. Alle glaubten, daß er ein guter Jäger werden würde.

Gingi fiel im Frühjahr beim Fischen in das reißende, eiskalte Wasser der Schneeschmelze. Sie wäre wohl umgekommen, wenn nicht Faskon, der in der Nähe war und ihre Schreie hörte, sie aus dem Fluß gezogen hätte. Er trug die junge Frau in sein Zelt, fachte ein großes Feuer an, legte warme Steine an ihren ausgekühlten Körper und pflegte sie.

Und Gingi blieb in Faskons Zelt.

Umin war bei guter Gesundheit und wurde reichlich mit Feuerstein aus dem Nordwesten versorgt. Alle drei Mondwechsel trafen sich die beiden Jägergruppen und tauschten Salz gegen Stein. Wenn Rokal nicht auf Jagd war, arbeitete er mit Umin zusammen an Holz, Horn, Knochen und Stein.

Noch vor dem Winter wurde Rokals Zelt mit Faskons Hilfe fertig. Es war kein einfaches Stangenzelt, sondern rund,

*Schirr macht Ritzzeichnungen*

mit geraden Wänden und einem kuppelförmigen Dach. Wie bei den anderen lag über dem Gerüst aus Erlenstangen die schützende Bedeckung der Pferdefelle. Darin lebten Arik und Rokal. Und Arik trug jetzt eine Kette aus Hirsch-, Eisfuchs- und Rentierzähnen mit Holzperlen dazwischen um den Hals.

Muras Rücken hatte sich in diesem Winter gebeugt, und ihre Kräfte wurden weniger. Nur Arik merkte es. Aber Muras Geist war voller Tatendrang. Sie lehrte Arik alles, was sie über Mensch und Natur wußte und bereitete sie darauf vor, einmal ihren Platz einzunehmen.

»Es hat sich etwas geändert seit der Mammutjagd damals, Arik. Die Männer haben uns nicht alles erzählt«, vertraute Mura ihr an. »Kerk kann wieder lachen und fröhlich sein. Sieh nur, wie er dort mit den Kindern den Speerwurf übt.«

»Und Linga ist freundlich und umgänglich geworden. Weißt du, daß sie Mutter werden wird, Mura?«

»Nein, das ist mir entgangen. Dabei wußte ich es früher, noch ehe die Bäuche sich wölbten. Ich werde alt, Arik. Da drüben gehen Rokal und Faskon. Sie werden dabei bleiben, oft zu zweit auszuziehen. Und es wird soweit kommen, daß er mehr Zeit für Faskon hat als für dich. Und einmal wird *er* alle Jagden führen.«

»Ich kann es mit Gingi gut aushalten. Mit ihr wird es nie langweilig«, sagte Arik und lachte. »Aber jetzt möchte ich erfahren, was Rokal und Faskon vorhaben, bevor sie mir entwischen.«

Die beiden Jäger standen bei Schirr, dem Wächter, und unterhielten sich mit ihm.

»Da ist er schon wieder, Rokal! Ich werde ihm wohl doch einen Speer auf den Pelz werfen, bevor er ein Kind anfällt.«

Schirr zeigte mit dem ausgestreckten Arm auf eine Gruppe von niedrigen Wacholderbüschen.

»*Den* laß leben, Schirr! Es ist mein Wolf, mein hinkender Jagdbegleiter«, sagte Rokal und erzählte ihm die Geschichte ihrer langen Bekanntschaft.

»Die braunroten Riesen werden immer weniger. Und ein Wolf läuft den Jägern nach... Ich werde ihn in eine Steinplatte ritzen. Niemand weiß, was noch alles geschehen wird«, sagte Schirr, der Wächter, nachdenklich.

Ist die Erzählung von Rokal und Faskon frei erfunden? Ja und nein. Erfunden sind die Menschen, ihre Namen, ihre Eigenschaften und die Erlebnisse. Nicht erfunden sind die Werkzeuge, die Jagdwaffen, die Behausungen, die Tiere und die Pflanzen. Die Kenntnis der Lebensweise von Menschen in schriftloser Vergangenheit verdanken wir Wissenschaften wie Ur- und Frühgeschichte und Archäologie. Für Rokals Geschichte besonders den Forschern, die das Ende der Altsteinzeit untersucht haben.

Die Zeitgenossen von Arik und Rokal haben vor mehr als 12.000 Jahren gelebt. Sie nutzten was die Natur ihnen anbot: Pflanzen, Tiere, Wasser und Steine. Das gebrauchten, bearbeiteten und verwerteten sie, um leben zu können.

Die gesammelten Pflanzen lieferten Vitamine, Medizinen, Brennstoffe und Fasern für Fäden, Schnüre und Dochte. Aus den langen, dünnen Stämmchen von Erlen und Kiefern fertigten sie die Gerüste für die Fellzelte und die Schäfte für Speere und Geröllläxte.

Die Jagdtiere gaben ihnen Fleisch, Blut und Fett, Sehnen und Felle. Die Knochen wurden aufgeschlagen, um an das nahrhafte Mark zu kommen, oder man schnitzte daraus Werkzeuge wie Nähnadeln oder Angelhaken. Aus dem Geweih von Rentier und Hirsch machten die Jäger Harpunen, Speerspitzen, einfache Hacken und schön geschnitzte Speerschleudern. Denn Geweih ist zäh und bruchfest. Es wurde bei der Jagd erbeutet oder von den Tieren abgeworfen und dann von den Jägern gefunden.

Verschiedene Steine aus dem Flußgeröll oder von natürlichen Felsbrüchen wurden gesammelt. Daraus schlug man Steingeräte wie Klingen, Stichel, Bohrer, Schaber und Äxte. Nicht jeder Stein läßt sich gleich gut bearbeiten. Die Jäger probierten und lernten, bestimmte Steine wegen ihrer Härte, aber besonders wegen ihrer Formbarkeit auszusuchen.

Die Menschen haben lange Zeit gebraucht, um von einfachen Geröllwerkzeugen über »Faustkeile« zu sorgfältig gearbeiteten Äxten aus Feuerstein zu kommen. Es währte etwa von 600.000 bis 4.000 vor Christi, die gesamte Altsteinzeit* und Mittlere Steinzeit lang. Denn um 4.000 vor Christi, am Beginn der Jüngeren Steinzeit, hatten die Menschen gelernt, Rinder zu zähmen, Wildgetreide zu nutzen, feste Langhäuser zu bauen und ihre Steinäxte zu schleifen.

Das taten Rokal und die Jäger am Ende der Altsteinzeit noch nicht. Aber sie transportierten Feuerstein aus großer Entfernung heran. Archäologen fanden in einer Siedlung der Altsteinzeit am mittleren Rhein Feuersteingeräte. Da diese Steinart dort nicht vorkommt, müssen die Jäger den Feuerstein herangebracht haben. Man findet ihn erst über 100 Kilometer nördlich und nordwestlich wieder. Sicher ist das keine übermäßig große Entfernung für Menschen, die das Laufen und den Transport von Lasten gewohnt waren. Aber es beweist die Wertschätzung, die der Feuerstein bei den Jägern genoß.

Die Siedlung Gönnersdorf, gegenüber von Andernach am Rhein, wurde 1968 entdeckt und bald darauf ausgegraben.

* Zeitepochen für Mittel- und Nordeuropa:
Altsteinzeit oder Paläolithikum von 600.000 bis 8.000 v. Chr.
Mittlere Steinzeit oder Mesolithikum von 8.000 bis 4.000 v. Chr.
Jüngere Steinzeit oder Neolithikum von 4.000 bis 2.000 v. Chr.

Ein Bagger hatte den Anfang gemacht: Beim Ausheben einer tiefen Fundamentgrube stieß er unter einer 3 Meter dicken Schicht Bimsstein eines Vulkanausbruchs auf eine Lage von großen Knochen und Steinen. Das waren die Überreste einer Jägersiedlung. Die Funde und Grabungsergebnisse von Gönnersdorf lieferten für Rokals Geschichte den Wissenshintergrund. Aber Rokals Siedlung ist *nicht* Gönnersdorf. Sie ist ebenso erfunden wie ihre Landschaft ringsum.

Es gab zu Rokals Zeit Vulkanausbrüche in unserem Land. Der Vulkan bei Maria Laach am Nordostrand der Eifel ist im 10. Jahrtausend vor Christi ausgebrochen. Sein Bimssteinauswurf verschüttete weite Landflächen ringsum. Er bedeckte auch die Jägersiedlung von Gönnersdorf. Archäologen und Geologen haben das herausgefunden. Der heutige Laacher See ist ein Sprengtrichter, ein Vulkanschlot dieses gewaltigen Ausbruches.

Die letzte große Eiszeit (Würm-Eiszeit, nach dem bayerischen Fluß Würm benannt) endet etwa 10.000 Jahre vor Christi. Und in den folgenden Jahrtausenden schwankte das Klima zwischen mehreren Warm- und Kaltphasen. Bis schließlich die Gletschermassen des Nordens und der südlichen Gebirge endgültig abgetaut waren.

In Rokals Zeit, genauer um 10.500 bis 10.000 vor Christi, war das Klima noch kälter und wohl auch trockener als heute. Der Stand der Sonne war dagegen gleich. Das bedeutete kalte Winter und warme Sommer in Mitteleuropa.

Die Landschaft war mit Kräutern, Gräsern und Flechten bewachsen: eine krautreiche Grassteppe. Nur im Schutz der Flußtäler an ihren Hängen standen lichte Wälder von Kiefern, Erlen und Holunder. Gerade hier gab es viele kleine und große Tiere. Von den meisten Tierarten, die in Rokals Geschichte vorkommen, haben die Archäologen in Gönnersdorf Knochen gefunden. Sie fanden auch den Schmuck aus Meeresschnecken und Tierzähnen, Perlen aus Pechkohle und Frauenstatuetten aus Knochen und Elfenbein.

Und das Überraschendste waren die Zeichnungen auf den Schieferplatten. Im Umriß ähneln sie den farbigen Bildern in den Höhlen Nordspaniens und Südfrankreichs. Aber sie sind nicht gemalt, sondern mit einem Steinstichel eingeritzt. Und die meisten sind so gut dargestellt, daß man die Tierart sofort erkennen kann. Am häufigsten wurden Pferde und Mammute abgebildet, aber auch Fische, Vögel, Ur, Nashorn, Bär, Löwe und Wolf. Einige Schieferplatten lassen Frauenfiguren erkennen. Eine davon trägt sogar ein Gestell mit einem Kind auf dem Rücken.

Warum zeichneten die Menschen die Tiere? Aus reiner Freude am Tun? Um ihre Beute zu bannen? Einen Jagdzauber zu erreichen? Oder das Ergebnis gelungener Jagd für alle sichtbar mitzuteilen? Zeichnete nur einer der Menschen in der Jägersiedlung? Oder zeichneten viele? Wir wissen es nicht.

Ganz sicher aber waren die Menschen vor mehr als 12.000 Jahren keine »primitiven Urmenschen«, sondern spezialisierte Jäger, die sich dem Klima und ihrer Umwelt sehr gut angepaßt hatten.

Die Forscher werden weiter suchen. Sie werden mehr aufspüren, und um so mehr werden *wir* vom Ende der Altsteinzeit erfahren. Der Zeit, als die Gletscher abtauten, große Landflächen unter sich freigaben und die letzten Mammute in Europa lebten.

*Weiterführende Fachbücher zu diesem Thema:*

Gerhard Bosinski und Gisela Fischer, Die Menschendarstellungen von Gönnersdorf der Ausgrabung 1968.
Der Magdalènien-Fundplatz Gönnersdorf, Band 1, Wiesbaden 1968.
In dieser Reihe sind weitere Bände zu den verschiedenen Forschungen über Gönnersdorf erschienen.

Gerhard Bosinski, Eiszeitjäger im Neuwieder Becken. Archäologie an Mittelrhein und Mosel 1. Bodendenkmalpflege Koblenz-Landesdenkmalamt Koblenz, 2. Auflage 1983.

Karl J. Narr u. a., Abriß der Vorgeschichte, München 1957.

Kazimierz Kowalski, Die Tierwelt des Eiszeitalters, Darmstadt 1986.

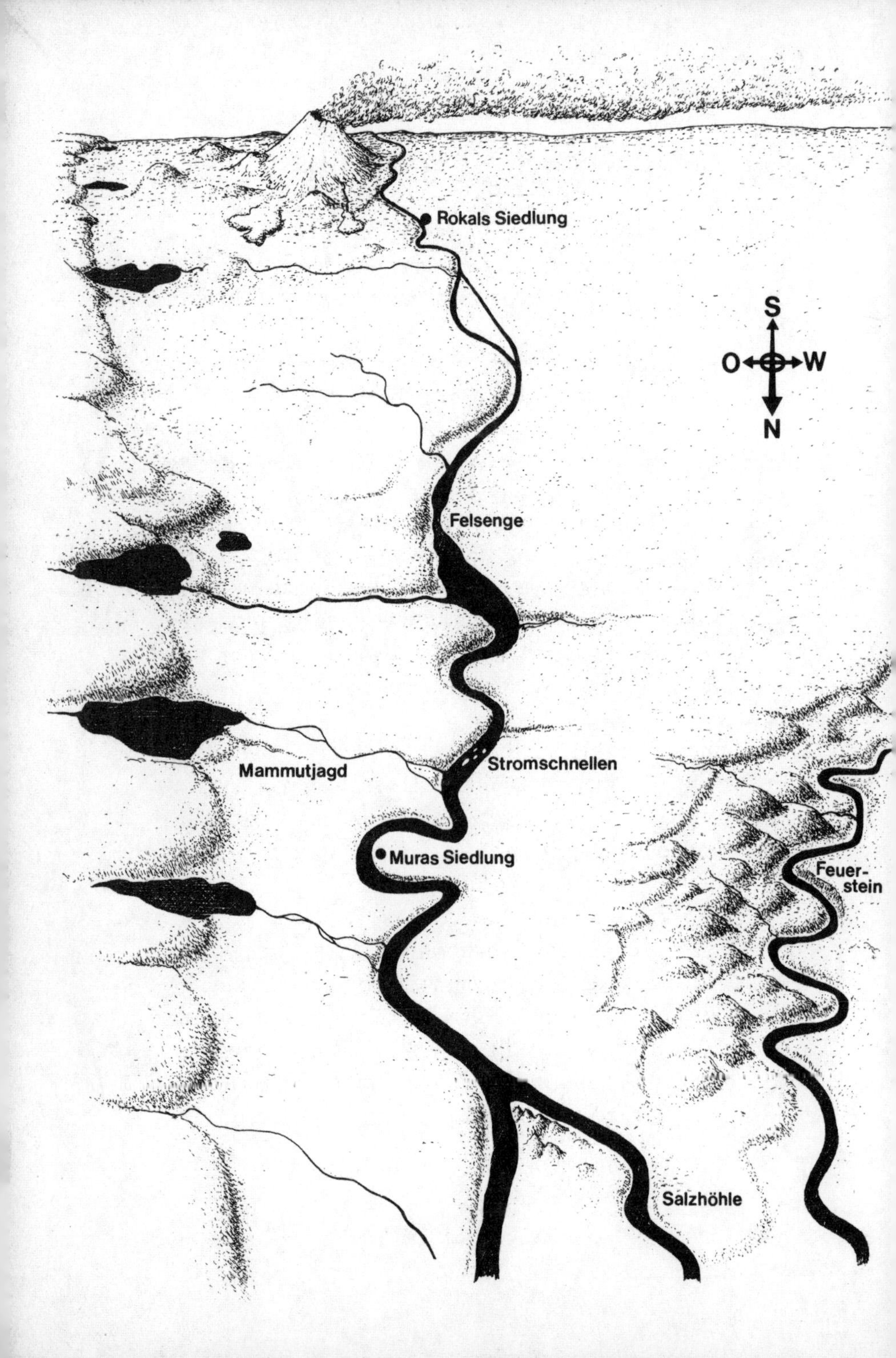
Rokals Siedlung
S
O
W
N
Felsenge
Mammutjagd
Stromschnellen
Muras Siedlung
Feuer-
stein
Salzhöhle